药店药房
开店运营一本通
（图解版）

王昭斌　编著

化学工业出版社
·北京·

内容简介

《药店药房开店运营一本通（图解版）》一书由导读及药店（药房）开店前期筹备、药店宣传推广、药店药品管理、药店日常管理、药店业务拓展五个章节组成，全面、深入地介绍了药店（药房）开店的全过程管理。

本书注重实操，完全去理论化，内容简洁实用，同时板块设置精巧、结构清晰明确。既可作为专业培训机构、院校零售专业等的培训教材、培训手册，又可以作为零售药店（药房）创业投资者及门店的管理者、从业人员，以及新入职的大中专学生，有志于从事门店管理人士的随身读本。

图书在版编目（CIP）数据

药店药房开店运营一本通：图解版/王昭斌编著．—北京：化学工业出版社，2022.3（2023.4重印）
ISBN 978-7-122-40543-2

Ⅰ.①药⋯ Ⅱ.①王⋯ Ⅲ.①药品-专业商店-商业经营-图解 Ⅳ.①F717.5-64

中国版本图书馆CIP数据核字（2022）第000147号

责任编辑：陈 蕾		装帧设计：溢思视觉设计／程超	
责任校对：田睿涵			

出版发行：化学工业出版社（北京市东城区青年湖南街13号　邮政编码100011）
印　　装：三河市延风印装有限公司
710mm×1000mm　1/16　印张15　字数279千字　2023年4月北京第1版第2次印刷

购书咨询：010-64518888　　　　　　　　售后服务：010-64518899
网　　址：http://www.cip.com.cn
凡购买本书，如有缺损质量问题，本社销售中心负责调换。

定　　价：68.00元　　　　　　　　　　　　　　　　　　版权所有　违者必究

前言

社区商业时代来临,商铺有必要把握好"最后一公里"的商机。贴近小区住户的商铺,其拥有稳定客户群,处于生活"最后一公里"的圈子内,凭借距离的优势,与消费者实现无缝对接,社区居民足不出户就能满足日常消费需求。即使面对电商冲击和商业综合体层出不穷的双重压力,有社区人群支撑的商铺依然能找到自己的生存之道。

近些年,社区配套设施越来越完善,每个社区基本上会有零售药店(药房)、便利店、生鲜店。社区配套商铺应以便利性为核心,具备一定的经济性。零售药店(药房)规模相对较小,可灵活布局,具有明显的便利性优势;同时,零售药店(药房)虽然竞争激烈,但规模化的龙头店铺可借助较强的供应链整合能力为消费者提供更具性价比的产品,因此也具备一定的经济性。

零售药店是药品消费的第二大终端,加上药店分级、人口老龄化加剧,零售药店将在药品市场取得越来越多的市场份额,所以开药店依旧是火热的创业项目之一。

随着人们健康意识的不断提高,越来越多人开始注重自身的保健,与此同时,药品的消费市场也逐渐扩大。这无疑让零售药店(药房)迎来了一个高速发展的时机,开一家零售药店(药房)也成为了创业者投资项目的上佳之选。

作为近几年的投资热点,零售药店(药房)竞争相当激烈,那么,如何经营一家服务社区、让居民放心的零售药店(药房),在众多的竞争者中脱颖而出，立于不败之地呢？业内观点普遍认为，持续深耕零售药店（药房）价值、提升零售药店（药房）的专业服务能力，或将成为零售药店（药房）破局的关键。

基于此，我们编写了《药店药房开店运营一本通（图解版）》，本书由导读，以及开店前期筹备、药店宣传推广、药店药品管理、药店日常管理、药店业务拓展五个章节组成，全面、深入地介绍了药店（药房）开店的全过程管理。

本书注重实操，完全去理论化，内容简洁实用，同时板块设置精巧、结构清晰明确。既可作为专业培训机构、院校零售专业等的培训教材、培训手册，又可以作为零售药店（药房）创业投资者及门店的管理者、从业人员，以及新入职的大中专学生，有志于从事门店管理人士的随身读本。

在本书的编写过程中，由于笔者水平有限，疏漏之处在所难免，敬请读者批评指正。

编著者

目录

导读　零售药店（药房）未来可期

一、药店市场规模 ··· 001

二、药店发展趋势 ··· 002

三、药店经营策略 ··· 004

第一章　开店前期筹备

俗话说得好，万事开头难。一家店要想顺利开张，也不是件容易的事情。只有充分重视前期的准备工作，才能真正为以后的开店事业铺平道路。

第一节　了解药品零售行业 ··· 009

　一、药品常识 ··· 009

　二、药品零售企业的资质 ··· 010

　三、药品零售应具备的条件 ··· 011

　四、药品零售从业人员要求 ··· 011

第二节　市场分析与定位 ··· 012

　一、展开市场调查 ··· 012

　　相关链接　药店市场调查问卷 ··· 013

　二、进行市场分析 ··· 015

　三、明确市场定位 ··· 016

第三节　选择经营模式 ·· 019
一、个人全资经营 ·· 019
二、合伙经营 ·· 021
　　相关链接　如何处理合伙分红争议 ···················· 024
三、加盟连锁经营 ·· 025
　　相关链接　药店加盟品牌介绍 ···························· 032

第四节　商圈调查与选址 ·· 035
一、商圈的构成 ·· 035
二、商圈的界定 ·· 036
三、商圈的调查 ·· 038
四、商圈渗透率 ·· 039
五、选址的要素 ·· 040
　　相关链接　适合开药店的地址 ···························· 042
六、选址的策略 ·· 043
七、选址的误区 ·· 044

第五节　店铺设计与装修 ·· 046
一、店铺起名 ·· 046
二、店面logo设计 ·· 047
三、店面色彩设计 ·· 048
四、店铺外观设计 ·· 050
　　相关链接　招牌设计制作基本常识 ···················· 051
五、店铺规划布局 ·· 054
六、店铺灯光设计 ·· 055

第六节　手续申请与办理 ·· 057
一、《营业执照》办理 ·· 057
　　相关链接　个体工商户的特征 ···························· 058
二、《药品经营许可证》办理 ·· 060
三、《食品经营许可证》办理 ·· 063

四、《医疗器械经营许可证》办理 ··· 067
　　　　相关链接　多地试点改革《行业综合许可证》 ······················· 069

第七节　设备配置与管理 ··· 070
　　一、营业设备的配置 ··· 070
　　二、系统设备的配置 ··· 071
　　三、储存设备的配置 ··· 071
　　　　相关链接　××零售药店设施设备列表 ······························ 072

第二章　药店宣传推广

　　一场成功的营销活动能持续提高药店知名度、认知度、美誉度、忠诚度、顾客满意度，提升药店形象，改变公众对药店的看法，累积无形资产，并能从不同程度上给药店带来多重效益。成功的药店离不开营销活动，营销活动是药店推广宣传的重要内容。

第一节　开业造势 ··· 077
　　一、在装修期间为开业造势 ·· 077
　　二、借节假日为开业造势 ·· 077
　　三、营造气氛为开业造势 ·· 077
　　四、借促销为开业造势 ·· 078

第二节　花样促销 ··· 078
　　一、节日促销 ·· 078
　　　　相关链接　全年部分节日促销规划表 ······························ 079
　　二、买赠促销 ·· 083
　　三、抽奖促销 ·· 084
　　四、降价促销 ·· 086
　　　　相关链接　巧妙利用价格杠杆 ······································ 089
　　五、换购促销 ·· 090

第三节　会员营销···091
　　一、什么是会员营销···091
　　二、做好会员章程··092
　　三、建立会员档案··092
　　四、搭建会员体系··095
　　五、推出电子会员卡···097
　　六、会员的跟进维护···099

第四节　直播营销···101
　　一、药店直播的好处···101
　　二、药店直播的模式···103
　　三、药店直播的要素···104
　　　　相关链接　药店如何培养主播···106

第五节　服务营销···109
　　一、营业前的准备··109
　　二、营业中的服务··111
　　　　相关链接　十大营业服务技巧···117
　　三、差异化服务···121

第三章　药店药品管理

　　药品是用来治病、防病，确保人民群众身体健康的一类特殊商品，药品质量的高低直接关乎到社会大众的身体健康甚至是生命安全，因此，药品经营企业必须要做好药品的经营质量管理工作。

第一节　药品采购···127
　　一、药品采购活动应符合的要求··127
　　二、对首营企业和首营品种的审核··128
　　三、建立采购记录··129

四、保存相关票据 ·· 129
　　五、冷藏药品的采购 ·· 130
　　　　相关链接　连锁药店采购模式分析 ···················· 130

第二节　药品验收 ·· 132
　　一、验收的内容 ·· 132
　　二、验收的标准 ·· 133
　　三、做好验收记录 ·· 133
　　四、进行抽样验收 ·· 134
　　五、冷藏药品的验收 ··· 134
　　六、查验药品检验报告书 ······································· 134

第三节　药品储存 ·· 135
　　一、药品储存要求 ·· 135
　　二、药品的定期检查 ··· 136
　　三、药品的养护 ·· 136
　　四、有效期管理 ·· 136

第四节　药品陈列 ·· 137
　　一、药品陈列的要求 ··· 137
　　二、药品陈列的原则 ··· 138
　　三、药品陈列场所的要求 ······································· 141
　　四、药品陈列注意事项 ·· 142

第五节　药品定价 ·· 142
　　一、药店正确定价的重要性 ··································· 142
　　二、药店定价的步骤 ··· 143
　　三、药店定价的策略 ··· 143
　　　　相关链接　不同业态的药店定价策略 ·················· 144

第六节　药品销售 ·· 148
　　一、药品销售的要求 ··· 148

二、药品拆零销售 149
三、处方药的销售 150
四、特殊类药品的销售 150
五、中药饮片的销售 150
六、近效期药品的销售 151
七、药品售后管理 151

第四章　药店日常管理

管理对于药店来说也是非常重要的，完善的管理不仅可以让店铺运营有条不紊，并且可以在无形中增加业绩。

第一节　药店员工管理 155
一、员工招聘 155
二、新员工接待 156
三、员工培训 157
四、员工健康检查 163
　　相关链接　××药店GSP人员健康管理制度 163
五、员工离职管理 164

第二节　药店质量管理 165
一、明确质量管理职责 166
二、制定质量管理文件 166
　　相关链接　××药店质量管理体系文件（节选） 168

第三节　药店成本管理 176
一、控制人事成本 176
二、控制采购成本 179
三、控制费用 181
四、树立节约意识 183

第四节 药店安全管理······184
一、环境安全的管理······184
二、全方位防盗管理······186
三、消防安全管理······188
相关链接 消防设施的日常管理······190
四、突发事件应急处理······190

第五节 药店收银管理······194
一、收银服务的基本要求······195
二、扫描作业······196
三、消磁作业······197
四、装袋作业······198
五、收款作业······199

第六节 顾客服务管理······199
一、顾客服务的重要性······199
二、顾客服务分类······200
三、顾客投诉与建议的处理······202
四、常见客户投诉场景及应对话术······204

第五章 药店业务拓展

业务拓展的目的不仅是为了拉动销售量，更重要的是让门店得到曝光，从而进一步扩大门店的影响力，实现门店的持久发展。

第一节 拓宽经营范围······209
一、销售保健品······209
相关链接 药店保健品销售秘诀······209
二、销售化妆品······211

三、销售日用品……………………………………………………212
　　　四、销售医疗器械…………………………………………………213

第二节　发展外卖业务……………………………………………………214
　　　一、发展外卖的好处………………………………………………214
　　　二、与外卖平台合作………………………………………………214
　　　三、开启自营外卖…………………………………………………219

第三节　开通在线医疗……………………………………………………220
　　　一、开通网上药店…………………………………………………220
　　　二、开通在线问诊…………………………………………………221
　　　三、开通在线医保支付……………………………………………221

第四节　推广到家服务……………………………………………………222
　　　一、覆盖新的到家用户……………………………………………222
　　　二、建立顾客的在线链接…………………………………………222
　　　三、激活用户………………………………………………………223

第五节　实现O2O闭环……………………………………………………223
　　　一、O2O模式的核心………………………………………………223
　　　二、O2O模式的优势………………………………………………224
　　　三、O2O引流的策略………………………………………………224
　　　四、O2O营销的策略………………………………………………226

> 导读

零售药店（药房）未来可期

零售药店作为药品消费第二大终端，加上处方外流、药店分级、人口老龄化加剧，零售药店将在药品市场取得越来越多的市场份额，所以开药店依旧是火热的创业项目之一。

一、药店市场规模

药店以便利性为核心，具备一定的经济性。零售药店是当前三大医药消费终端之一，上游连接医药制造商或批发商，下游为消费者提供药品、医疗器械、保健品等医药健康产品。和医院相比，零售药店规模相对较小，可灵活布局，具有明显的便利性优势；零售药店竞争激烈，规模化的龙头可借助较强的供应链整合能力为消费者提供更具性价比的产品，因此也具备一定的经济性。

我国零售药店行业发展迅猛，有数据显示，2020年中国实体药店和网上药店（含药品和非药品）销售规模达7169亿元，同比增长12.5%。其中，中国实体药店（含药品和非药品）销售额占比达77.8%，网上药店（含药品和非药品）销售额占比上涨至22.2%。如图0-1、图0-2所示。

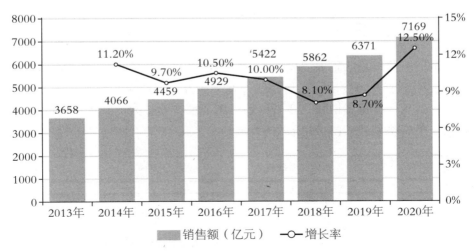

图0-1　2013～2020年中国实体药店和网上药店（含药品和非药品）销售情况

图 0-2　2013～2020 年中国实体药店和网上药店（含药品和非药品）销售额占比

　　2020 年中国网上药店销售规模飙涨至 1593 亿元，同比增长 59%，与前几年的增速相比略有提升。主要因为受疫情影响，患者到医院的就诊频次减少，附近线下药店购买不到想要的产品（如口罩等），患者的消费模式发生了转变，转为线上购买，并且随着线上处方药监管逐步放开，处方药在线上购买的频次也在提升；而实体药店（含药品和非药品）2020 年销售规模为 5576 亿元，同比增长 3.9%，比 2019 年上涨 0.7 个百分点。

　　当前，药店是医药销售第二大终端，长期看，药店有望成为药品第一终端，规模可达万亿级别。

二、药店发展趋势

　　作为全球医药市场的重要组成部分，随着经济水平的增长、医疗服务能力的提高，中国卫生事业蓬勃发展。在居民收入水平上升、健康意识提高等因素作用下，我国卫生总费用保持持续增长。我国医药市场规模持续扩大，医药零售行业发展较快。未来，药店将呈现如图 0-3 所示的发展趋势。

- 趋势一　医药零售市场规模继续扩大
- 趋势二　医药零售行业新一轮兼并重组进一步提高行业集中度
- 趋势三　医药供应链物流服务规模化、标准化及专业化水平不断提升

| 趋势四 | 医药电商全方位打造大健康生态圈 |
| 趋势五 | 专业支撑与科技赋能推动零售药店转型升级 |

图0-3 药店未来发展趋势

1. 医药零售市场规模继续扩大

随着国内经济增长和结构调整，人们生活水平不断提高，大健康理念持续增强，全社会医药健康服务需求将不断增长，特别是人口老龄化程度日益加深，将促使药品流通市场规模进一步扩大。因此，未来医药零售行业总体发展仍将呈现稳步增长的态势。

2. 医药零售行业新一轮兼并重组进一步提高行业集中度

随着行业内生性增长趋缓，药品流通行业将进入新一轮的外延并购周期。一方面，全国性药品流通企业将通过兼并重组，进一步拓展国内流通网络覆盖面；另一方面，区域性药品流通企业也将加快跨区域并购，提升区域覆盖率和市场影响力。因此，规模较小、渠道单一、资金实力不足的药品流通企业可能面临市场淘汰。

3. 医药供应链物流服务规模化、标准化及专业化水平不断提升

为寻求新的利润增长点，药品流通企业将通过整合供应链，向上游生产研发服务和下游终端销售服务方向拓展业务。向上为制药企业提供临床试验、采购计划、库存管理、端到端物流及数据信息服务；向下为医院、诊所、养老院、零售药店提供院内物流、药房管理、药学服务、药品追溯等精细化延伸服务，逐步实现药品生产、流通、使用各环节无缝衔接。

4. 医药电商全方位打造大健康生态圈

在国家深入推进"互联网+"行动计划的大背景下，"互联网+药品流通""互联网+药学服务"等模式迎来重大机遇期。医药电商企业将利用自身信息化、数字化优势，全面整合互联网医疗机构、网上药店、患者等终端资源，探索开展创新服务，为互联网医疗机构提供医保结算便利和医疗大数据查询等服务；为网上药店提供远程审方、用药指导和物流配送等服务；为患者定制个性化健康管理方案，提供全方位健康管理服务，打造以患者为中心、以数据为纽带的开放共享的大健康生态圈。

5. 专业支撑与科技赋能推动零售药店转型升级

在政策、科技与市场的合力影响下，特药（DTP）药房、慢病药房、"药店+诊所"、中医（国医）馆等专业特色药房将不断涌现，药学服务专业人才将成为药品零售企业的核心竞争力。同时，智慧药房将成为行业转型升级的新亮点。零售药店将改变传统服务方式，借助微信支付、刷脸支付、AI机器人导购等信息化、智能化工具，打造移动场景营销、无人售药等新模式，加速企业转型升级。

三、药店经营策略

在医药新零售风口期，药店经营者若能率先洞察和把握消费者需求，重构"人、货、场"新零售体系，加快药店转型升级，促进品牌资源整合，将有效提升药店业绩，实现多方共赢。如图0-4所示。

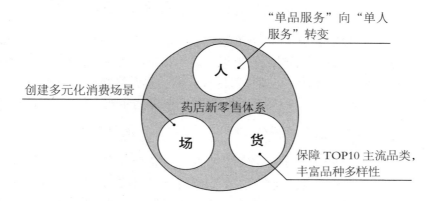

图0-4 药店新零售体系

1. 人——"单品服务"向"单人服务"转变

从消费者的角度出发，药店要从"单品服务"向"单人服务"转变，通过服务于人，增强专业药事服务，根据不同消费群的结构，来调整商品结构，提供多样化的健康管理服务，提高客户黏性及客单量，带动门店客流及销量。

2. 货——保障TOP10主流品类，丰富品种多样性

根据"人"的需求定位，消费者的自我药疗、家庭药疗及保健意识不断提升，健康需求也在朝着多元化趋势延伸。基于这种变化，药厂需要提供多样化、前瞻性的品种，专业化的解决方案；药店需要在保障TOP主流品类的同时，拓展其余产品，丰富品种多样性。

3. 场——创建多元化消费场景

从场的角度来看，药店要持续发挥便利性和专业性优势，满足消费者对购买便利性的需求，通过融合线上线下渠道，创建多元化消费场景；同时，药厂需配合多元化需求，整合品牌资源，在特定消费场景引流、教育和转化消费者，提升消费者对品牌以及药店的忠诚度、满意度，进一步提高客单量、客单价。

第一章

开店前期筹备

导言

俗话说得好，万事开头难。一家店要想顺利开张，也不是件容易的事情。只有充分重视前期的准备工作，才能真正为以后的开店事业铺平道路。

思维导图

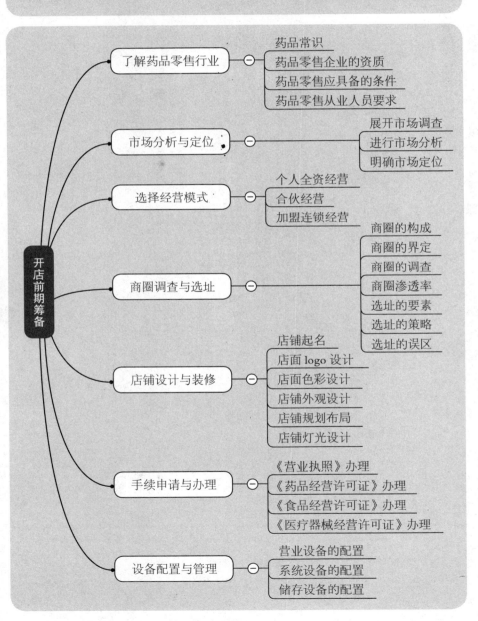

第一节 了解药品零售行业

一、药品常识

1. 药品的概念

《中华人民共和国药品管理法》(以下简称《药品管理法》)第二条指出：本法所称药品，是指用于预防、治疗、诊断人的疾病，有目的地调节人的生理机能并规定有适应证或者功能主治、用法和用量的物质，包括中药、化学药和生物制品等。

药品具有图1-1所示的特征。

图1-1 药品的特征

2. 药品的批准文号

药品批准文号的格式为：国药准字H（Z、S、J）+4位年号+4位顺序号，其中H代表化学药品，Z代表中药，S代表生物制品，J代表进口药品分包装。

3. 什么是药品分类管理

药品分类管理是根据药品的安全性、有效性原则，依其品种、规格、适应证、剂量及给药途径等的不同，将药品分为处方药和非处方药并做出相应的管理规定。

截至目前，我国已先后实行了麻醉药品、精神药品、医疗用毒性药品、放射性药品和戒毒药品的分类管理。

目前正在进行的处方药与非处方药分类管理，其核心是加强处方药的管理，规范非处方药的管理，减少不合理用药的发生，切实保证人民用药的安全有效。

4. 什么是处方药与非处方药

处方药，简称Rx药，是为了保证用药安全，由国家卫生行政部门规定或审定的，需凭医师或其他有处方权的医疗专业人员开写处方出售，并在医师、药师或其他医疗专业人员监督或指导下方可使用的药品。

非处方药是指为方便公众用药，在保证用药安全的前提下，经国家卫生行政部门规定或审定后，不需要医师或其他医疗专业人员开写处方即可购买的药品，一般公众凭自我判断，按照药品标签及使用说明就可自行使用。非处方药在美国又称为柜台发售药品（Over The Counter Drug），简称OTC药。这些药物大都用于多发病常见病的自行诊治，如感冒、咳嗽、消化不良、头痛、发热等。为了保证人民健康，我国非处方药的包装标签、使用说明书中标注了警示语，明确规定药物的使用时间、疗程，并强调指出"如症状未缓解或消失应向医师咨询"。

非处方药由处方药转变而来，是经过长期应用、确认有疗效、质量稳定、非医疗专业人员也能安全使用的药物。不过在非处方药中，还有更细的分类，红底白字的是甲类，绿底白字的是乙类。甲乙两类OTC虽然都可以在药店购买，但乙类非处方药安全性更高。乙类非处方药除了可以在药店出售外，还可以在超市、宾馆、百货商店等处销售。

5. 怎样识别非处方药

（1）《处方药与非处方药分类管理办法》（试行）第七条规定：非处方药的包装必须印有国家指定的非处方药专有标识（OTC）。

（2）《处方药与非处方药流通管理暂行规定》（试行）第七条指出：进入药品流通领域的非处方药，其相应的忠告语应由生产企业醒目地印制在药品包装或药品使用说明书上。具体内容为：请仔细阅读药品使用说明书并按说明书使用或在药师指导下购买和使用！

6. 药品的有效期如何识别

有效期是指药品被批准的使用期限，其含义为药品在一定储存条件下，能够保证质量的期限。

药品有效期的表示方法，按年月顺序，一般可用有效期至某年某月，如有效期至2021年8月，说明该药品到2021年8月1日即开始失效。

《药品管理法》还规定，在药品的包装盒或说明书上都应标明生产批号、生产日期和有效期。进口药品也必须按上述表示方法用中文写明，便于大众阅读。

二、药品零售企业的资质

《药品管理法》第五十一条有如下规定："从事药品零售活动，应当经所在地县级以上地方人民政府药品监督管理部门批准，取得药品经营许可证。无药品经营许可证的，不得经营药品。药品经营许可证应当标明有效期和经营范围，到期重新审查发证。"

三、药品零售应具备的条件

《药品管理法》第五十二条规定，从事药品经营活动应当具备图1-2所示的条件。

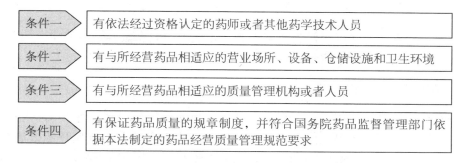

图1-2　药品零售应具备的条件

四、药品零售从业人员要求

1. 负责人

《药品经营质量管理规范》第一百二十五条第一款规定："企业法定代表人或者企业负责人应当具备执业药师资格。"

2. 处方审核人员

《药品经营质量管理规范》第一百二十五条第二款规定："企业应当按照国家有关规定配备执业药师，负责处方审核，指导合理用药。"

3. 药品管理、检验、验收、保管人员

《药品经营质量管理规范》第一百二十六条第一款规定："质量管理、验收、采购人员应当具有药学或者医学、生物、化学等相关专业学历或者具有药学专业技术职称。从事中药饮片质量管理、验收、采购人员应当具有中药学中专以上学历或者具有中药学专业初级以上专业技术职称。"

4. 营业员

《药品经营质量管理规范》第一百二十六条第二款规定："营业员应当具有高中以上文化程度或者符合省级食品药品监督管理部门规定的条件。中药饮片调剂人员应当具有中药学中专以上学历或者具备中药调剂员资格。"

第二节 市场分析与定位

一、展开市场调查

开药店,事前做好市场调查非常重要。如果市场调查做得好,就能令药店在后期运营中顺畅无阻,甚至给药店指明成功的方向。

1. 市场调查的目的

随着整体经济水平提升,国民健康消费支出比例显著提高,近5年,人均医疗消费支出年复合增长率达12%,消费者更加注重自我保健和自我医疗的健康意识。"大病上医院,小病进药店"已成为人们的普遍选择,医药与人们的生活质量息息相关。

近些年来,不同形式和风格的药店让人眼花缭乱,快捷便利的药店也遍地开花。经营者应通过对消费者的调查来了解消费者需求、市场占有率及存在的问题,这样便于对自己店铺做出准确的市场定位,以便开店后更顺利地经营和盈利。

2. 市场调查的内容

调查的内容应包括表1-1所示的方面。

表1-1 市场调查的内容

序号	内容	具体说明
1	消费者层面	(1)获取信息的渠道 (2)购买药品的频率 (3)购买药品的消费金额 (4)影响消费者选择药店的因素 (5)通过何种方式购药 (6)购药的支付方式
2	药店药品层面	(1)药品的种类是否满足消费者的需求 (2)消费者经常购买药品的种类
3	药店服务层面	(1)消费者对周边药店服务的满意程度 (2)消费者希望药店提供哪些服务
4	营销层面	消费者希望药店在哪些地方加强广告宣传
5	其他层面	药店地理位置及使用交通工具的情况

3. 市场调查的方式

经营者在做调查时，可采取观察法或访问法等方式。

（1）观察法。观察法，即调查人员亲临顾客购物现场，直接观察和记录顾客的类别、购买动机和特点、消费方式和习惯、商家的价格与服务水平、经营策略和手段等，这样取得的一手资料更真实可靠。

（2）访问法。访问法，即事先拟订调查项目，通过面谈、信访、电话、问卷等方式向被调查者提出询问，以获取所需要的调查资料。这种调查简单易行，有时也不见得很正规，在与人聊天闲谈时，就可以把你的调查内容穿插进去，在不知不觉中完成市场调查。

相关链接

药店市场调查问卷

亲爱的朋友：

您好！

感谢您在百忙之中抽出时间填写这份问卷。此卷是为了了解××周边药店市场情况而设计的。请您仔细阅读此调查问卷，并选出您认为的合适答案。您的答案无所谓对错，只要是您的真实情况即可。我们对您的答案完全保密。可能会耽误您一会儿时间，请您配合，谢谢您的合作。在此，我们对您给予这一调研工作的帮助表示诚挚的感谢！

1. 您的性别？
 ○男　　　　　　　○女

2. 您的年龄段是？
 ○18岁以下　　○18～25岁　　○26～40岁　　○40岁以上

3. 您经常去药店吗？
 ○每天　　　　○经常　　　　○偶尔　　　　○从不

4. 您所居住的地区药店多吗？（方圆1.5公里）
 ○不清楚　　　○1～3家　　　○4～5家　　　○没有

5. 您家常去药店的亲戚人群是？
○父母　　　　　○朋友　　　　　○爷爷奶奶　　　　○兄弟姐妹

6. 您对药品常识有所了解吗？
○专业的　　　　　　　　　　　○熟悉各类药物
○稍微了解　　　　　　　　　　○全然不知

7. 去药店您经常购买哪些药物？
○感冒类药品　　　　　　　　　○保健类药品
○美容类药品　　　　　　　　　○其他

8. 您去药店会怎样购买药品？
○询问导购　　　　　　　　　　○自己选择
○提前在家做功课　　　　　　　○随意

9. 对于常用OTC药物的使用是否了解？
○熟知各类OTC药品的使用　　　○略知一二　　　　○全然不知

10. 您有医保吗？
○有　　　　　　○没有

11. 您会购买自己不熟悉的药品吗？
○会　　　　　　○不会

12. 您会有购买同一药品的习惯吗？
○会　　　　　　○不会

13. 对于高价但是很有效的药物您会买吗？
○会　　　　　　○不会　　　　　○其他（请注明_____）

14. 购买药品时，您会了解它的主治和副作用吗？
○会　　　　　　○不会　　　　　○购买后才了解

15. 同一类药品中，精品包装是否会促成您的购买？
○会　　　　　　○可能会　　　　○不会

16. 您会详细看说明书或者询问医师或店员的意见吗？
○一定会仔细看　　○有时候记得看　　○问医师和店员就好

17. 您希望有什么打折促销活动？
○打折　　　　　　　　　　　　○赠送小礼品
○会员积分换购　　　　　　　　○节假日刮奖

18. 您觉得自己在购买药品时是一个怎样的消费者？
○冲动型　　　○理智型　　　○谨慎型　　　○盲目型
○其他_____

19. 您关注过哪种零售药店的官网？
○老百姓　　　○本草纲目　　　○益丰　　　○方舟

20. 您对网上购药的态度是？
○信得过　　　○不放心　　　○没想法

21. 您在下列哪种情况下不会去该药店买药品？（多选题）
○发现假、劣药的情况
○对药店营业员的服务不满意
○多次连续使用药品不产生功效的
○发生了药品质量问题后没有相关人员跟进情况
○其他（请注明_____）

22. 欢迎您提出其他的宝贵建议和意见，我们会对您的建议加以考虑。

23. 您对本次调查问卷是否满意？
○非常满意　　　○满意　　　○一般　　　○不满意

二、进行市场分析

1. 消费市场的划分要求

经营者在进行市场分析前，需要对药品零售市场进行划分，其划分要求如图1-3所示。

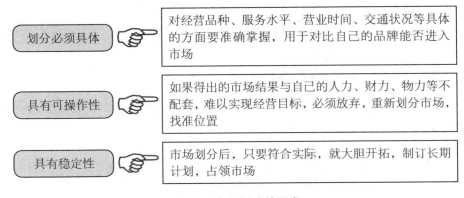

图1-3 市场划分的要求

2. 影响市场划分的因素

一般来说，影响市场划分的因素有表1-2所示的4个方面。

表1-2 影响市场划分的因素

序号	影响因素	具体说明
1	地理位置	药店的地域性对其经营有较大的影响，要充分了解目标店址地理因素，同一区域，不同的店和药品服务于不同的消费群体，而同一店和药品到了不同地域也会有变化
2	人口分类	由于人们的居住地、文化等影响，对药品的消费有差异，购买品种、档次、目的均有不同
3	顾客区分	除了考虑顾客的职业、收入等外，还要分析其动机，是传统节俭型、经济实惠型、新潮冲动型，还是豪华张扬型等，分析清楚才能取得实效
4	行为分析	将顾客分为常客、一般客人、流动散客、新客等，这与药店的药品品种、服务水平、顾客的信赖等有关

三、明确市场定位

1. 市场定位的要求

定位准确是一家药店成功的开始。具体来说，市场定位的要求如图1-4所示。

力求扬长避短	药店在定位时，一定要分析自己的长处，力求发挥自己的长处，发挥优势；药店要用自己特有的药品、高端的服务、人性化的关怀等手段，同其他药店区分开，以自己的特色取胜
必须灵活机动	药品市场变化多端，顾客消费方式、习惯经常变动，药品品种层出不穷，经营者要密切把握机遇，灵活应变，进行调整，使之在市场中处于主动地位
发挥整体效应	药店运转后，要将各个方面融为一体形成整体效应，如服务水平、广告宣传、员工培训等要跟上，利于树立形象，发挥整体效益

图1-4 市场定位的要求

2. 市场定位的划分

零售药店按照店内销售品种差异和功能定位的不同，可以分为表1-3所示的6种类型。开店前经营者要根据这些要求，结合自身特点，选择适合自己的经营品种。

表1-3 药店市场的分类

序号	分类	具体说明
1	综合健康广场	全面的、多元化的健康广场，主要给客户提供多元化的药品以及与之相配套的药学服务 （1）目标客户：多元化经营可以有效地聚集客户并可以有效地满足客户的多种需求 （2）销售目标：以药品的种类齐全、服务内容丰富作为卖点，让客户享受一站式的消费服务 （3）产品特点：不单单是经营药品一类，也有与健康有关的产品，如理疗产品、传统的中药材、食疗产品、各色有特殊功效的美容药材等 （4）服务特点：提供各种健康咨询，由专业的医护人员定期提供服务
2	药妆店	药妆店主要是经营美容美体的药品，以专业的美容、美体服务作为主要的收入来源的商店 （1）目标客户：年龄在25～45岁的女性，以都市白领为主要客户对象 （2）销售目标：让现代的都市女性达成美容美体的梦想 （3）产品特点：主要销售现代女性美容美体的药品与器械 （4）服务特点：让具有专业知识的美体师、美容人员作为专业的技术指导人员，为现代的都市女性提供个性化的美容美体服务，同时也可以把握最新的流行资讯

续表

序号	分类	具体说明
3	社区型便利药店	社区型便利药店是指建立在居民小区内部或者附近，以经营非处方药为主要内容的药店，是为了满足小区的居民日常购药所需 　　（1）目标客户：药店辐射范围内的小区居民 　　（2）销售目标：发挥所在地的地理优势，给客户提供物美价廉的药品 　　（3）产品特点：依照所在小区居民的年龄构成、可能的地方病、消费能力，提供相应的药品服务 　　（4）服务特点：主打社区牌，营造浓厚的家庭氛围，比如与所在小区的居委会联系，为小区内的高龄居民提供免费的健康检查以及为小区内经济较为困难的居民提供平价药品或者免费赠予药品
4	专题药店	专题药店是指专门致力于提供某一专科药品及专科服务的经营业态，专题药店如同我们平常所见大街上的专卖店，专门为某一种特定的病患提供专业的药品以及相应的服务 　　（1）目标客户：仅为某种特定的病患提供相应的药品或者专业的服务，如哮喘药店、心脏病药店、糖尿病专用食品店、新生儿专用药品店等 　　（2）销售目标：在自己的经营范围内为某一类的病患提供全面的、高度专业化的技术服务，体现产品针对性强的特点 　　（3）产品特点：主要为针对某一种疾病的药品、器械和专业的服务 　　（4）服务特点：服务的专业性强，因为仅为某一种疾病的患者提供服务，可以充分发挥自己专业性强的优点，开办健康宣传活动、建立患者的医疗档案
5	平价药店	平价药店是指一种通过减少药品流通环节，以低价吸引顾客的一种经营业态 　　（1）目标顾客：针对药品价格敏感或者不能享受"医保"的消费者 　　（2）营销目标：以低价取胜，薄利多销 　　（3）产品特色：直接从厂家或大型药品批发企业进货，流通环节少，价格较低；药品流量大、种类多，顾客可提篮自选 　　（4）服务特色：只为顾客提供相对较少的服务来降低成本，但是为了保证顾客用药的合理安全，也应开展药学咨询服务
6	超市内药店	超市内药店是指一种选址于超市，与超市共享客流、互惠互利的经营业态 　　（1）目标顾客：共享超市的客流 　　（2）营销目标：充分利用超市的地理位置优势与客流，借鉴超市的管理模式和服务标准 　　（3）产品特色：所提供的药品多为常用药 　　（4）服务特色：提供的服务种类十分有限，营业员接待顾客的技能显得特别重要

第三节　选择经营模式

资深人士认为，若开设店面的经营者，从事内容与过去工作经验有关，并曾担任经营管理职务，可考虑独立开店。但若无经验，则可考虑选择合适的加盟体系，从中学习管理技巧，也不失为降低经营风险的好方法。

一、个人全资经营

个人全资经营是指由一个自然人投资，全部资产为投资人所有的营利性经济组织。其典型特征是个人出资、个人经营、个人自负盈亏和自担风险。

1. 个人全资经营的特征

个人全资经营具有表1-4所示的特征。

表1-4　个人全资经营的特征

序号	特征	具体说明
1	投资主体方面的特征	个人独资企业仅由一个自然人投资设立。这是独资企业在投资主体上与合伙企业和公司的区别所在。我国合伙企业法规定的普通合伙企业的投资人尽管也是自然人，但人数为2人以上；公司的股东通常为2人以上，而且投资人不仅包括自然人还包括法人和非法人组织。当然，在一人有限责任公司的场合，出资人也只有1人
2	企业财产方面的特征	个人独资企业的全部财产为投资人个人所有，投资人（也称业主）是企业财产（包括企业成立时投入的初始出资财产与企业存续期间积累的财产）的唯一所有者。基于此，投资人对企业的经营与管理事务享有绝对的控制与支配权，不受任何其他人的干预。个人独资企业就财产方面的性质而言，属于私人财产所有权的客体
3	责任承担方面的特征	个人独资企业的投资人以其个人财产对企业债务承担无限责任，这是在责任形态方面独资企业与公司（包括一人有限责任公司）的本质区别。所谓投资人以其个人财产对企业债务承担无限责任，包括三层意思 （1）企业的债务全部由投资人承担 （2）投资人承担企业债务的责任范围不限于出资，其责任财产包括独资企业中的全部财产和其他个人财产 （3）投资人对企业的债权人直接负责。换言之，无论是企业经营期间还是企业因各种原因而解散时，对经营中所产生的债务如不能以企业财产清偿，则投资人须以其个人所有的其他财产清偿

续表

序号	特征	具体说明
4	主体资格方面的特征	个人独资企业不具有法人资格。尽管独资企业有自己的名称或商号，并以企业名义从事经营行为和参加诉讼活动，但它不具有独立的法人地位 （1）独资企业本身不是财产所有权的主体，不享有独立的财产权利 （2）独资企业不承担独立责任，而是由投资人承担无限责任

> **开店秘诀**
>
> 全资企业不具有法人资格，但属于独立的法律主体，其性质属于非法人组织，享有相应的权利能力和行为能力，能够以自己的名义进行法律行为。

2. 个人全资经营的优点

由个人全资拥有，投资人对药店的任何事务具有绝对决策权，同时也需要承担无限责任。一般而言，个人全资经营药店有3个优点，具体如图1-5所示。

全资经营是最简单的开店组织经营形式，店主能在任何时候扩大或停办业务

全资经营开店的所有权属于店主本人，有绝对的自由发挥空间，个人完全掌握经营决策、实施的全过程。只要遵纪守法，经营者几乎有完全的自由，可随意制定经营方针和制度，可以自由雇用和辞退员工

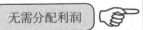
全资经营的利润属于经营者，所得利润不需要与其他人平分

图1-5 个人全资经营的优点

3. 个人全资经营的缺点

个人全资经营药店有优点就会有缺点，具体如图1-6所示。

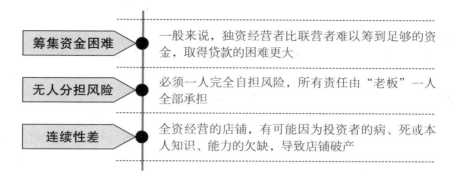

图1-6 个人全资经营的缺点

二、合伙经营

不少人喜欢合伙做生意，这样双方投资负担就会减轻，并且在经营管理上也会轻松一些。

1. 什么是合伙经营

合伙经营，也称合伙制企业，是由两个以上合伙人订立合伙协议，共同出资，合伙经营，共享收益，共担风险，并对合伙投资的企业债务承担无限连带责任的经营性组织。

2. 设立合伙企业的条件

设立合伙企业，应当具备图1-7所示的条件。

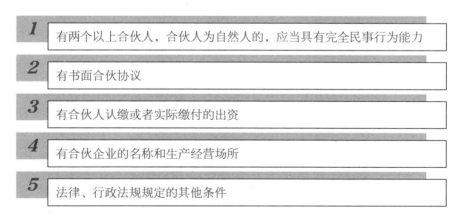

图1-7 设立合伙企业的条件

3. 合伙方式

（1）合伙人可以用货币、实物、知识产权、土地使用权或者其他财产权利出资，也可以用劳务出资。

合伙人以实物、知识产权、土地使用权或者其他财产权利出资，需要评估作价的，可以由全体合伙人协商确定，也可以由全体合伙人委托法定评估机构评估。合伙人以劳务出资的，其评估办法由全体合伙人协商确定，并在合伙协议中载明。

（2）合伙人应当按照合伙协议约定的出资方式、数额和缴付期限，履行出资义务。以非货币财产出资的，依照法律、行政法规的规定，需要办理财产权转移手续的，应当依法办理。

4. 合伙经营的优势

合伙企业在资本扩张方面较个人独资企业更有优势。个人独资企业仅有一个投资人，尽管存在整个家庭财产成为个人独资企业资本来源的情形，但该类企业资本规模相对较小、抗风险能力较弱。为扩张资本，单个投资人可通过联合方式，采用合伙企业组织经营，从而解决短期资本积累问题。

尽管现代社会中公司是最普遍采用的企业组织形式，其在迅速筹集资本方面显现出较强的能力，但合伙制度仍在现代企业制度中占有一席之地，其优势如表1-5所示。

表1-5　合伙经营的优势

序号	优势	具体说明
1	风险可控	尽管合伙人普遍承担无限连带责任，较公司股东的有限责任承担更多投资风险，但按照"风险与收益挂钩"的基本原理，此种设计保障了债权人利益，从而使合伙企业可以更为容易地获得交易对手的信任，获得较多商业机会并减少交易成本。因此，只要合伙人谨慎控制风险，合伙也是一种可选择的企业形态
2	共同决策	通常合伙人人数较少，并具有特定人身信任关系，有利于合伙经营决策与合伙事务执行。合伙人共同决策合伙经营事项，共同执行合伙事务，其也可以委托其中一个或者数个合伙人经营。这种合伙人之间的信任关系及合伙企业经营决策方式，迥然不同于公司（特别是股份公司）股东之间的资本联系及公司所有权与经营权分离的现状，为投资者有效控制企业及相关风险提供了较优选择

5. 合伙经营的缺点

由于合伙企业的无限连带责任，对合伙人不是十分了解的人一般不敢入伙；就算以有限责任人的身份入伙,由于有限责任人不能参与事务管理,这就产生有限责任人对无限责任人的担心,怕他不全心全意地干,而无限责任人在分红时,觉得所有经营都是自己在做,有限责任人就凭一点资本投入就坐收盈利,又会感到委屈。因此,合伙企业是很难做大做强的。

虽说连带责任在理论上来讲有利于保护债权人,但在现实生活中操作起来往往不然。如果一个合伙人有能力还清整个企业的债务,而其他合伙人连还清自己那份的能力都没有时,按连带责任来讲,这个有能力的合伙人应该还清企业所欠所有债务,但是他如果这样做了,再去找其他合伙人要回自己垫付的债款就麻烦了,因此,他不会这样独立承担所有债款的,还有可能连自己的那一份都等大家一起还。

6. 合伙经营的注意事项

合伙经营应注意表1-6所示的事项。

表1-6 合伙经营的注意事项

序号	注意事项	具体说明
1	谨慎选择合伙人	人品第一、价值观第二、工作态度第三、才能第四是选择合伙人的四大标准,这四个条件缺一不可
2	时刻掌握主动权	在没有看好合伙人之前,最好不要轻易合伙,即使合伙了,必须要在全部企业经营中控制主动权,如人事、财务、客户资料、上游供给商的关系等核心资源,如果出现问题时才有能力去处置,防止互相扯皮的现象,最大限度地减少经营的损失
3	签订具有法律效力的合作协议及商业保密协议	合作期间签订合同,可以有效防止个人私心的膨胀而导致分裂。如果有商业核心秘密,也要签订竞业保密协议,即使是再好的朋友,也要"先小人后君子"
4	对待能人的方式	有些人的能力特别好,但不一定适合当合伙人,可以采用"高薪+分红"方式来留人,而非用股份的合伙方式
5	建立良好的沟通方式	在合作过程中最为忌讳的是互相猜忌、打小算盘,这样的合作肯定不会长久。出现问题要本着真诚、互信、公平态度来解决,有什么事情放到桌面上来讨论,就事论事,大家如果都是出于公心,分歧是很容易得到解决的
6	处理冲突时做好最坏的打算	合伙人出现分歧,做好最坏的打算,心中有底,处理问题时就会心平气和、理性地去面对,让事情得到圆满解决。在不违反原则的前提下,要本着不伤和气、好聚好散的原则去处理事情,合作不成还可以继续做朋友
7	尽量避免双方亲戚在店里上班	在店里最好不要雇用双方的亲戚,以免造成一些公私不分、闲言碎语、家事与公事感情纠缠的麻烦,从而动摇合伙人之间的合作基础

 **相关链接**

如何处理合伙分红争议

如果合伙人之间因为分红引发争议，可采取以下的方法来处理。

1. 法律依据

根据《中华人民共和国民法典》相关条文规定，合伙人应当对出资数额、盈余分配、债务承担、入伙、退伙、合伙终止等事项，订立书面协议。当事人之间没有书面合伙协议，但具备合伙的其他条件，有两个以上无利害关系人证明的口头合伙协议或者有其他证据证明的，可以认定为合伙关系。

2. 利益分配

个人合伙利润的分配，可以是平均分配，也可以按出资比例分配，双方可以自主协商确定。比如各自提供资金、实物、技术等，合伙经营、共同劳动，可以撇开工资不谈，商定一个分配的比例，如三七分，则5000元利润，你可以分得1500元，对方分得剩下的3500元。但如果合伙前没有达成协议，那就好比游戏前没有制定游戏规则，这游戏就很难玩下去。

3. 法律规定

如果药店经工商行政管理部门登记为合伙企业，则权利义务适用《中华人民共和国合伙企业法》的规定，该法第三十三条规定："合伙企业的利润分配、亏损分担，按照合伙协议的约定办理；合伙协议未约定或者约定不明确的，由合伙人协商决定；协商不成的，由合伙人按照实缴出资比例分配、分担；无法确定出资比例的，由合伙人平均分配、分担"。

4. 合伙或债权关系

如果药店经工商行政管理部门登记为个体工商户，则营业执照上的经营者是谁，可以说药店就是谁的。如果经营者的姓名为对方，且对方把你的出资当作借款，则你与对方只有债权债务关系，而药店事务与你无关，那算是白承担经营风险了，因此是最需要提防的。

三、加盟连锁经营

对于没有经验及资金不是太充裕的投资者而言，靠"借鸡生蛋"，加盟一家资质好、运营模式成熟的连锁药店品牌成了他们的首选。不过，机会与风险是并存的，投资加入经营连锁药店，投资者既可从中发掘出令人惊喜的"金矿"，也有可能掉进危险的陷阱。如何选择一家优良的连锁药店，便成为中小投资者开店成功的关键，所以，投资者必须把好这一关。

1. 加盟连锁的形式

加盟特许经营的经营形式种类有很多，依出资比例与经营方式大概可以分为图1-8所示的3种。

图1-8 加盟的形式

（1）自愿加盟。自愿加盟是指个别单一商店自愿采用同一品牌的经营方式及负担所有经营费用，这种方式通常是个别经营者（加盟主）缴纳一笔固定金额的指导费用（通称加盟费），由总部教导经营的知识再开设店铺，或者经营者原有店铺经过总部指导改成连锁总部规定的经营方式。

通常这样的方式每年还必须缴纳固定的指导费用，总部也会派员指导，但也有不收此部分费用者，开设店铺所需费用全由加盟主负担。由于加盟主是自愿加入，总部只收取固定费用给予指导，因此所获盈亏与总部不相干。

此种方式的优缺点如图1-9所示。

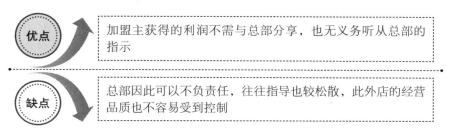

图1-9 自愿加盟的优缺点

（2）委托加盟。委托加盟与自愿加盟相反，加盟主加入时只需支付一定费用，经营店面设备器材与经营技术皆由总部提供，因此店铺的所有权属于总部，加盟主只拥有经营管理的权利，利润必须与总部分享，也必须百分之百地听从总部指示。

此种方式的优缺点如图1-10所示。

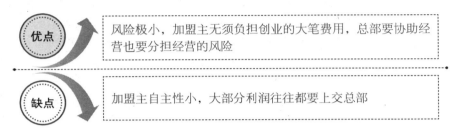

图1-10　委托加盟的优缺点

（3）特许加盟。特许加盟介于上述两种方式之间，通常加盟主与总部要共同分担设立店铺的费用，其中店铺的租金装潢多由加盟主负责，生产设备由总部负责，此种方式加盟主也需与总部分享利润，总部对加盟主也拥有控制权，但因加盟主也出了相当多的费用，因此获取利润较高，对于店铺的经营形式也有部分的建议与决定权力。日本多数便利商店体系皆采用此种方式经营。

特许加盟模式能够充分发挥两个"积极性"，即门店的积极性和总部的积极性，如图1-11所示。

图1-11　特许加盟模式的作用

2. 加盟品牌的选择

创业加盟选择品牌很重要，选择的品牌要有一定知名度。那么我们应如何来挑选品牌呢？方法如图1-12所示。

（1）资料搜集分析。对于投资者而言，仅有激情与梦想是远远不够的，还要练就火眼金睛的本领，谨防加盟的种种陷阱。首先了解自己将要加盟的药店品牌，然后通过多种渠道搜集相关的品牌信誉度与该品牌运营公司的信誉度。

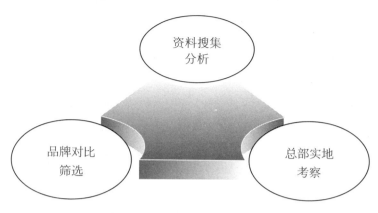

图1-12 加盟品牌的选择要领

比如，在品牌加盟网站观看网友评论、在已加盟该品牌的商家处进行市场调研都是不错的方法。

（2）品牌对比筛选。一些药店加盟品牌虽然在总部当地或者其他个别省份较成功，但如果进入一个新的地域，可能就会出现一段"水土不服"时期。此外，投资者应注意避免选择一些名不见经传的小品牌。

 开店秘诀

> 专业的连锁药店，应有经过严格训练的专业化队伍，配以标准化的业务流程，专业化的服务，才能充分显示品牌形象，确保客户安心接受服务。

（3）总部实地考察。开加盟药店的朋友还应谨记市场运营有风险，一定要实地调查研究，把加盟商提供的加盟方案与自己的现实情况结合起来，做到拥有自己特色的加盟方式。

另外，需要了解该品牌的宣传力度，了解该品牌的市场走向以及相关产品的报价，做到心中有数，实时关注项目的相关资讯。

3. 加盟的流程

药店加盟招商一般都有一定的流程，不过，不同的品牌其加盟流程各不相同，而且同一品牌中对于不同的加盟方式其加盟流程也不相同。

如图1-13所示的是某连锁药店加盟的流程。

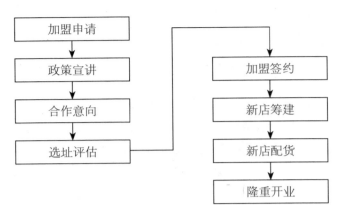

图1-13 某连锁药店加盟的流程

对于加盟店经营者来说，流程的前期阶段非常重要，包括电话咨询、索取资料、加盟洽谈、协议讨论等。在这些过程中，加盟者除了清楚自己的所处地位、权利和义务，确定是否有巨大商机外，还必须明确图1-14所示的事项。

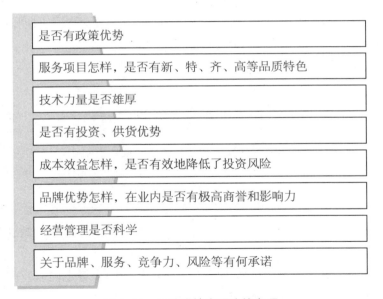

图1-14 加盟连锁应明确的事项

4. 加盟前期考察事项

选择一家优良的加盟商，是投资者成功的关键，投资者必须把握好这一关。作为药店经营者，在加盟连锁店前，要做好考察事项，具体如表1-7所示。

表1-7　加盟前期考察事项

序号	事项类别	具体内容
1	特许经营资质	向连锁经营的总部索要并审查其备案资料，以防上当受骗
2	评估品牌知名度	选择知名度高、品牌形象好的连锁经营公司，这是创业成功的必要条件
3	考察其发展历史	一般来说，应选择较长历史的连锁经营公司，因为公司发展越成熟，承担的风险就越会降低，不过，这也不是一个绝对的参照标准
4	已运营直营店、加盟店	在选择良好的连锁经营的公司时，应充分了解其直营店和加盟店的经营状况是否良好、有无稳定营业利润、利润前景及是否具有后续性等
5	经营管理组织结构体系	优良的连锁经营公司应有组织合理、职能清晰、科学高效的经营管理组织，使各连锁店能高效运转，如是否具有健全的财务管理系统、完善的人力资源管理体系、整体运营管理与督导体系等
6	提供开业全面支持	一般来说，连锁经营公司提供的开业全面支持应包括以下内容：地区市场商圈选择；人员配备与招募；开业前培训；开业准备
7	加盟契约、手册	加盟者可从"加盟契约、手册"资料中了解连锁经营公司的公平性、合理性、合法性、费用承受性、地域性限制、时效性、可操作性等方面的内容，看是否选择加盟
8	加盟店成功率	一个成熟的加盟系统需要经验的长期积累和管理系统的不断完善，在正常经营的情况下，关店的情况并不多
9	加盟费用是否合理	考察加盟费用是否合理，最重要的是要看投资回报率。可以参照其他加盟店的回报率，如果觉得此系统加盟店的回报率达到自己的要求，那么加盟费用就基本是合理的

5. 签订加盟合同注意事项

加盟者在签订加盟合约之前，一定要深入了解合约内容，以确保自身权益。不要以为加盟合约都是总部制式的范本不可修改。其实合约应是通过双方彼此协议之后做成的。换句话说，加盟者不仅要看清内容，更有权利要求修改内容。在签订加盟合同时需要注意的事项，具体如图1-15所示。

图1-15　签订加盟合同注意事项

（1）查看相关手续。因为所谓加盟，就是总部将品牌授权给加盟店使用，换句话说，总部必须要先拥有这个品牌，才能授权给加盟店。加盟者在加盟前，务必要先确认总部的确拥有此品牌，才能放心加盟。

（2）了解加盟费用。一般而言，总部会向加盟者收取三种费用，分别是加盟金、权利金及保证金。具体如图1-16所示。

种类一	加盟金是总部在开店前帮加盟者做整体的开店规划，以及培训所需要的费用
种类二	权利金是加盟店使用总部商标，以及享用商誉所需支付的费用
种类三	保证金是总部为确保加盟者切实履行合约，并准时支付货款等所收取的费用

图1-16　加盟费用的种类

开店秘诀

权利金是一种持续性的收费，只要加盟店持续使用总部的商标，就必须定期交费。支付期限可能是一年一次，也可能是按季或是按月支付。

（3）商圈保障问题。通常加盟总部为确保加盟店的运营利益，都会设有商圈保障，也就是在某个商圈之内不再开设第二家分店。因此，加盟者对保障商圈范围有多大，必须十分清楚。

（4）竞业禁止条款。所谓竞业禁止，就是总部为保护经营技术及智慧财产，不因开放加盟而外流，要求加盟者在合约存续期间，或结束后一定时间内，不得加盟与原加盟店相同行业的规定。

（5）管理规章问题。一般的加盟合约内容少则十几条，多则上百条，不过通常都会有这样一条规定："本合约未尽事宜，悉依总部管理规章办理"。如果加盟者遇到这样的情形，最好要求总部将管理规章附在合约后面，成为合约附件。

> 管理规章是由总部制定的，总部可以将合约中未载明事项，全纳入其管理规章之中，随时修改，到时候加盟者就只好任由总部摆布。

（6）关于违约罚则。由于加盟合约是由总部所拟订，所以会对总部较为有利。在违反合约的罚则上，通常只会列出针对加盟者的部分，而对总部违反合约部分则只字未提。加盟者对此可提出相应要求，明定总部违约时的罚则条文，尤其是关于总部应提供的服务项目及后勤支援方面，应要求总部切实达成。

（7）关于纠纷处理。一般的加盟合约上都会明列管辖的法院，而且通常是以总部所在地的地方法院为管辖法院，为的是万一将来必要时，总部人员来往附近法院比较方便。

曾有某加盟总部在合约中规定，加盟者欲向法院提出诉讼前，需先经过总部的调解委员会调解，遇此状况时，应先了解调解委员会的组成成员为哪些人，如果全是总部的人员，那么调解的结果当然会偏袒总部，而不利于加盟者。碍于合约，加盟者又无法忽略调解委员会，而直接向法院诉讼，因此加盟者在遇到类似的条款时，应要求删除。

（8）合约终止处理。当合约终止时，对加盟者而言，最重要的就是要取回保证金。此时，总部会检视加盟者是否有违反合约或是积欠货款，同时，总部可能会要求加盟者自行将招牌拆下，如果一切顺利且无积欠货款，总部即退还保证金。但若是发生争议时，是否要拆卸招牌往往成为双方角力的重点。某些总部甚至会自行雇工拆卸招牌，加盟者遇此情况，需视招牌原先是由谁出资而定。若由加盟者出资的话，那么招牌的所有权就应归加盟者所有，总部虽然拥有商标所有权，但不能擅自拆除。若真想拆，就必须通过法院强制执行，如果总部自行拆除，即触犯了毁损罪。

（9）双方各执一份。加盟合同签约之后，加盟者一定要自己保留一份，这样才能清楚了解合约内容，确保自身权益。

相关链接

药店加盟品牌介绍

1. 大参林

大参林医药集团股份有限公司,成立于1999年,是一家集医药制造、零售、批发为一体的集团化企业。公司以发展药店连锁为立业之本,经过多年耕耘,旗下门店遍布广东、广西、河南、河北等国内十个省份。大参林集团2020年度实现含税营业收入161.3亿元,门店超过6000家。目前全集团员工约32300名,其中专业药学技术人员约21000名。

大参林以"满腔热情为人类健康服务"作为企业的使命,秉承"以尽可能低的价格提供绝对合格的商品,并尽最大限度满足顾客需求"的经营理念和"我们是演员,顾客是评委"的服务理念,并铸就了鲜明的企业品格——以推动行业发展为己任,积极承载社会责任。

2. 老百姓大药房

老百姓大药房是中国具有影响力的药品零售连锁企业,系中国药品零售企业综合竞争力百强冠军、中国服务业500强企业、湖南省百强企业。

自2001年创立以来,现已成功开发了湖南、陕西、浙江、江苏等22个省级市场,拥有门店7000多家,总资产112.84亿元,员工近3万人,2020年销售额139.67亿元(不含税)。

3. 益丰大药房

益丰大药房连锁股份有限公司是全国大型药品零售连锁企业,专注医药零售行业20载,市值稳居国内上市连锁药店前列,被评为中国上市公司500强企业。

作为中国大健康行业的领军者,益丰大药房于2001年6月创立,先后布局医药零售、医药批发、中药饮片生产销售、慢病管理、互联网医院、医疗项目投资和医疗科技开发等大健康业态。

创立以来,公司始终秉承"一切以顾客价值为导向"的核心理念,坚持以顾客为中心进行商业模式的创新和变革,为顾客健康提供超值商品和专业服务。未来公司将长期专注于医药健康产业,让国人身心更加健康,成为值得信赖和托付的药房。

4.海王星辰连锁药店

海王星辰,一个随着20世纪90年代中国医药零售业兴起而诞生的名字。从1996年的第1家社区零售药店开始,到如今实现了3000多家健康连锁药房分布在全国74个一、二线城市的嬗变,线上线下拥有超过6000万的会员。

海王星辰立志做更贴近消费者的专业健康药房,80%以上门店均为社区药店,离消费者最近,是社区居民购药和健康咨询最方便的去处。并且每年每月甚至每周在全国各城市不断开展各种公益活动,向广大民众传播健康生活理念和疾病预防知识,让消费者在家门口就能获取专业的健康知识,体验便利的健康服务。

借力"互联网+医疗"的国家政策支持和信息技术的广泛运用,海王星辰通过网络医院的平台,将全国最优质的医生资源零距离嫁接到门店,为患者提供问诊、慢病复诊等,为更多患者提供由医到药的全方位服务。如微商城购药3公里核心区域25分钟送货到家服务,在海王星辰门店还可享受医保移动支付的服务,海王星辰为广大消费者和会员提供了方便快捷的购药服务。

5.漱玉平民大药房

漱玉平民大药房连锁股份有限公司的前身是济南漱玉保健品有限公司,成立于1999年1月21日。2002年5月18日,漱玉平民大药房第一家门店西门店成功开业,标志着漱玉平民正式进军中国医药零售领域。2015年11月,公司完成股份制改造,正式成立漱玉平民大药房连锁股份有限公司。

公司立足医药流通领域,坚持"连锁经营、规模发展"的经营思路,坚持以自营门店为主,持续进行品牌渗透,不断践行"平价、优质、专业、便利"的经营理念,区域市场份额不断扩大,形成集群竞争优势。经过20余年的发展,公司现已拥有直营连锁门店1800余家,营销网络覆盖济南、泰安、聊城、烟台等山东省15个地市,客户群体品牌忠诚度高,截至2020年末,公司会员人数已超过1100万人。

公司积极实施创新发展驱动战略，推动智能信息系统、智能仓储物流系统等技术在医药流通领域的使用。积极推动"互联网+药品流通"模式，大力发展医药电商等线上平台业务（B2C业务），并进一步布局O2O市场，向患者提供药品的"网订（药）店取""网订（药）店送"等便捷服务，促进线上线下融合发展。同时，公司积极发展创新零售服务模式，按照《零售药店经营特殊疾病药品服务规范》的规定建立DTP专业药房，并积极开展"药店+中医坐堂诊所"、慢病管理中心等新型零售经营方式，为消费者提供一站式和个性化的健康服务，打造"医、药、康、养"大健康生态圈。

6. 怡康医药

西安怡康医药连锁有限责任公司成立于2001年，拥有员工8000人，会员数980万，门店已达1600家，遍及陕西、宁夏与河北，荣膺中国连锁药店百强榜。2015年涉足电商，自主研发"怡康到家APP"，现已成怡康到家小程序、线上线下同步、网订店取、24小时在线医生问诊、在线药师咨询等全业态布局，并实现3公里29分钟送达。24小时智慧药房让民众在深夜也能轻松购药。

目前，怡康已发展成集健康管理、连锁门诊、互联网医院、康复医疗等综合性健康服务平台。2016年斥资2亿元打造5万平方米的"怡康医药物流中心"，集办公、物流配送及生活服务为一体，完全按照新版GSP要求配备已投入使用。

7. 南北医药

深圳市南北医药有限公司成立于1987年，在医药行业发展已有三十余载，主要业务涉及药品、医疗器械代理、专业配送、批发分销和药店连锁经营等。

家喻户晓、历史悠长的品牌，成熟稳定的经营班子，规模化的门店数量，优质的服务、产品质量，与时俱进的公司战略都是公司极具优势的核心竞争力。

2020年8月，公司通过自营平台搭建和第三方平台合作，实现公司业务互联网化。不仅如此，公司目前正致力于引入具备大数据和人工智能分析技术的会员管理系统，为客户提供优质的大病、慢病等个性化精准服务，并计划全部药店上线，打造具有南北特色的"智慧药店"和"智慧社区家庭健康服务平台"。

8. 千金大药房

湖南千金大药房连锁有限公司成立于2000年，系上市公司千金药业旗下的全资子公司。

千金大药房以"更严格守法，更安全有效"的质量理念深入人心。公司建立健全质量监管与保障体系，对药品的购进、验收、储存、养护、运输、销售等环节严格实施质量控制。公司是国家首批通过国家局GSP认证的药品零售企业；近年来，又连续顺利通过了国家局、省局和市局组织的GSP认证跟踪检查，过硬的质量管理一直是公司享誉同行的一面旗帜，至今未发生药品质量管理事故，受到上级监管部门和广大消费者的好评。

千金大药房在直营门店推行"千金经营法式"，改变公司与门店之前单纯的管理与被管理、执行与被执行的关系，下放经营权和管理权给门店，充分激发门店活力，从而建立内外部市场机制，优化资源配置，适应市场竞争。

公司与直营门店签署虚拟股权协议，成为千金集团内部里实施虚拟股权方案的子公司。门店虚拟股权的实施是"千金经营法式"核心内容之一"实行利益共享"的具体落地，即建立公司与门店之间的利益共享机制，激励员工持续创造价值，实现公司与门店的长期稳健发展，帮助门店平衡短期目标和长期目标，吸引并留住人才。

第四节　商圈调查与选址

开店前期策划的关键点就在于，如何能确定一个好的地址。选对了位置就成功了一半，所以选址的重要性也就不言而喻。而商圈调查可以帮助开店者了解预定门市坐落地点所在商圈的优缺点，从而决定是否为最适合开店的商圈。

一、商圈的构成

艺术大师有艺术圈，娱乐明星有娱乐圈，文化人有文化圈，商业也有自己的商圈。那什么是商业圈呢？药店商业圈，是以药店为中心规划的，投资者希望占有的市场区域，商圈大小与药店的经营规模、信誉、经营范围、所处地段、交通条件等密切相关,它反映了药店的经营能力和辐射范围。

通俗来说,药店商圈就是根据药店的经营范围划分的圈子。通常它由图1-17所示的3部分构成。

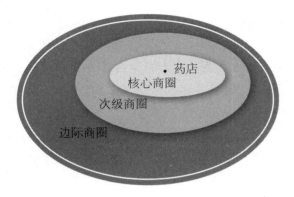

图1-17　商圈的构成

1. 核心商圈

核心商圈,即距离店址最近的区域,是药店顾客的主要来源,一般占顾客总数的50%～70%。经营者在选店址的时候,一般就是以核心商圈的人流为主。这是对于药店来说最重要的商业圈子。

2. 次级商圈

来自此商圈的顾客占总人数的15%～20%,位于核心商圈的外围,顾客较为分散。它不是构成顾客来源主要的圈子,但是经营者在选择店址的时候也不能忽视这个圈子的重要性。

3. 边际商圈

来自此商圈的顾客比例一般不超过10%,对于药店来说是顾客群很少的圈子,它们一般不在重点考虑范围之内。虽然所占比例较小,但是也应该予以注意,毕竟这也是构成顾客群的一部分。

二、商圈的界定

药店对于地区环境的变化具有相当的依存性,诸如顾客的消费习惯不同、消费能力高低、经济收入水平不同、人口的多少、消费群体的消费能力高低、季节变化、人口的流动、交通状况的发展、城市功能的变化等,均能够影响到消费行动的变化。所以,有效地掌握目标店址地域的变动因素,是药店经营者要注意的事项。

1. 医药商圈的形态

一般而言，医药商圈形态可分为表1-8所示的5种。

表1-8　医药商圈的形态

序号	形态	具体说明
1	商业区	指全市性或区级商业网点集中的地区。位于城市中心或交通方便、人流集中区段，以全市性的大型商业中心和大型综合性商店为核心，固定住户较少，70%以上的顾客为流动顾客，可布局旗舰店、中心店
2	住宅区	指城市内部居民集中区，以固定人群为主，流动性人口较少，70%以上的顾客为家庭顾客，可布局标准店、小型店
3	商住区	有商业、住宅区双重特征，可布局中心店、标准店
4	医院区	指城市内大中小型医院附近，且有医院处方资源支持的门店
5	店中店	开设于大型商业中心或零售卖场内部的门店，人流量集中

2. 测定商圈的因素

测定商圈的因素如表1-9所示。

表1-9　测定商圈的因素

外部因素	量的方面	人口数、人口密度、家庭数 流动人口数、客流规律 零售业销售额、营业面积 大型店状况 交通装备及交通量
	质的方面	年龄、职业、家庭人口构成 收入水平、消费水平 就业状况、产业结构 城市规划、城市间关系 竞争店、互补店的地区分布 市政设施、商业街的规模
内部因素	主体方面	店铺规模、业态 商品配置、楼层构成及配置 吸引顾客的设施状况，如停车场 销售促进、营销及其组织活动状况
	附加因素	文化、公共设施的有无

3. 商圈设定的步骤

一般而言，若主要代表性商品群的营业额约能确保90%的地域即可设定为商圈。商圈设定的步骤如图1-18所示，只有经营的商品符合需求才能吸引潜在顾客的购物，商圈的规模和辐射范围才能扩大。

图1-18　商圈设定的步骤

4. 商圈设定的基准

至于商圈设定的基准，各形态药店可以依据自身的商品特性、目标顾客、所在地区等因素去进行商圈的设定与有关调查的展开工作。但不论商圈的范围如何设定，对于药店所在地域社会条件、经济条件及经营特性的适合性分析是必须要加以考虑的。尤其对于人口特性的趋势分析、老中青人口组成结构及人口流量等都要进行研究，同时有关地域内的各项都市机能设施以及竞争情况等也成为分析的重点。

三、商圈的调查

1. 商圈调查的内容

药店在展开商圈调查时，由于业态的不同及规模的大小差异，在商圈的分布上必然会有出入，如大卖式的连锁药店，由于拥有多种的商品及多样的功能，因此在立地条件上较具支配力，对顾客而言，自然对在大卖式连锁药店购物的期待性较高，即具有较强的吸引力，所以其商圈的分布必然较为广泛。

同样，在相同立地条件上的社区药店，仅能依附在大卖式的连锁药店的周围，而期待借此大量的人口流量，吸引其来店购药。而社区药店对顾客的吸引力较弱，商圈的分布也无法与大型店相比，尤其是未能依附大卖式的连锁药店周围的社区药店，则仅能靠附近地区的顾客为其主要商圈。

因此，在进行商圈调查时，一定要深入了解地域特性、竞争环境变化、业态性质、市场区分、门店条件等因素，针对需要展开的内容进行调查。主要调查内容如表1-10所示。

表1-10　商圈调查的主要内容

序号	调查项目	主要内容	方法手段
1	周边环境调查	周边状况、环境的把握，如位置、地形、交通状况、基础设施、未来发展等	现场实地调查（实地步行）；参照地图、航空照片等有关城市规划、住宅规划等的调查
2	商业环境调查	零售额、面积、业种的把握；人口、收入水准、职业等的把握；有关零售业的地区性状况的把握；中心性、吸引性、外延发展等商业街的特点、大型店状况等	地区各种指数的测定、商业经营者发展潜力等各种指数的测定
3	市场环境调查	把握商业规模、范围以及商业容量的测定	消费支出调查，运用类推法及各种数学方法使商圈明确化
4	竞争环境调查	对竞争店、互补店营业力的把握	调查营业面积、营业额、车位、商品配置、最大客流容纳能力等

2. 商圈调查的方法

一般采用的调查方法可有问卷回收调查、来店顾客记录、资料分析、门店调查等方式。

四、商圈渗透率

药店在商圈设定、商圈调查的基础上，掌握和了解药店立地的基本条件，下一步就要研究市场占有率和市场渗透率，确定自己的销售额、成交次数、客单价、毛利率。

1. 市场占有率

药店的辐射范围分为图1-19所示的三个层次。

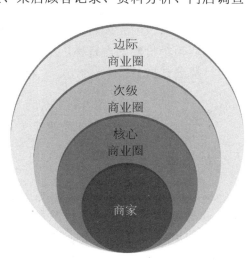

图1-19　商家的辐射范围

其中，核心商业圈500米，这是药店应当十分重视的区域，是主要的目标顾客群；次级商业圈为1000米，这是药店应当重视的区域，也是主要的目标顾客群之一；边际商业圈为1500米，是竞争对手最容易攻击的区域，经营者也要在这个商圈提高药店宣传力度，扩大药店的知名度及信誉度。

假定核心商圈的居民户数为2000户，次级商圈内的居民户数为3000户，边际商圈内的居民户数为4000户，若平均每户居民每月到药店购买药品和保健品为200元，则：

$$核心商圈居民支出总额=200×2000户=40万元$$

$$次级商圈居民支出总额=200×3000户=60万元$$

$$边际商圈居民支出总额=200×4000户=80万元$$

根据调查分析，新开药店的市场占有率在核心商圈为30%，在次级商圈为10%，边际商圈为5%，则：

$$核心商圈购买力=40×30\%=12万元$$

$$次级商圈购买力=60×10\%=6万元$$

$$边际商圈购买力=60×5\%=3万元$$

$$营业额潜力估计额=12+6+3=21万元$$

2. 市场渗透率

渗透率（亦称集客率）属于市场调查的常用术语，是指药店成功地吸引了多少个家庭到店内来购物。

即某时间段内到该店，至少购买过一次商品的家庭数的百分比，渗透率直接关系到门店市场份额的占有率，反映着门店推广策略的正确与否。

计算公式如下：

$$渗透率=\frac{某时间段内到零售商店至少购买过一次商品的家庭户数}{城市中（商圈内）家庭户总数}×100\%$$

五、选址的要素

良好的开端是成功的一半。门店选址好坏与否，直接关系到其今后经营的成败。在药品零售行业竞争日趋激烈的背景下，药店选址在日常经营中也有着举足轻重的地位，因此，选址需要慎之又慎。在决策时，应考虑图1-20所示的3个要素。

图1-20 选址需考虑的要素

1. 有效客流

客流量是经营者优先考虑的条件。因此，对周边地区人流量、人口特征的市场调查非常重要。需要研究门店的有效客流量，即从店门口步行经过的潜在目标顾客，并不是只要门店地处繁华闹市区，有效客流量自然就多，应在预测了有效客流的预期购买量之后再做决定。

比如，可在想要开店的地方选择一天中的不同时段，来测定客流量，如此持续几日便可掌握可靠的第一手客流量资料。

同时，还应做好登门调查。选择商圈范围内的一定数量的住户进行访问，具体问题可涉及"通常到附近哪家药店买药""我们打算在附近开店有什么建议""是否需要上门配送"等。

通过此类调查，充分了解商圈内的各种经营信息，以确保开店成功。而对人口特征的调查则包括人口的数量和密度、年龄分布、文化水平、职业状况、人口变化趋势、人均可支配收入、医药消费习惯等。若择址处人口密度高，则店面面积可相应扩大，反之可选择面积小些的店铺。

2. 地理位置

选择优越的地理位置非常关键。一般认为，选择拐角位置比较理想。拐角就是选择店址时流行的说法"金角银边"中的"金角"，可以产生"拐角效应"；"银边"即指临街店铺。顾客通常会选择交通便利处购物，所以要正确判断商圈内顾客的习惯性行走路线占领有利地位，为门店的成功做好准备。

如果门店及店面标识在远处或驱车经过时很容易被发现，这里的选址优势与别处相比自然更胜一筹，明显的店标本身就是广告。另外，最好能在车站附近，或者在顾客步行10分钟路程内的街道设店，同时要选择行人较多、较少横街或障碍物的一边道路，因为许多时候，行人为了过马路，要集中精力去躲避车辆或其他来往行人，而忽略了一旁的店铺。

若店铺设在人群聚集的场所，如剧院、电影院、公园等娱乐场所附近，或者大工厂、机关附近，一方面可吸引出入行人，另一方面有明显的标志物易于使顾客记住门店的地点，顾客一旦无意间发现，便很容易再次或指引他人光顾。挨着它们开店，不仅可节省考察场地的时间和精力，还可以借助它们的品牌效应"捡"些顾客。

而若遇到店面前的路面不平、店面处在斜坡或处在快车道旁、地理位置偏低、门前有障碍物（如树木、立交桥、广告牌等）等情况，此时应慎重考虑。

3. 成本核算

除了预测客流量、选择恰当的地理位置，成本的核算也是不容忽视的。门店成本的核算策略是每个经营者都应娴熟应用的技能。需要注意的是，门店的成功之道在于利用规模经济的边际效益。

在受到租金等压力的情况下，与其选择现在被各商家看好的药店位置，不如选择不久的将来会由冷变热而尚未被看好的店铺位置。这样的店铺位置费用低，潜在的商业价值大。因此，应特别留意城市建设、政府政策等会带来什么样的变化。即选址也要具备前瞻性，如此可以有效降低和节约开店成本。

 **相关链接**

适合开药店的地址

1. 商业活动频度高的地区

在闹市区，商业活动极为频繁，把药店设在这样的地区营业额必然高。这样的店址就是所谓的"寸金之地"。相反，如果在非闹市区，在一些冷僻的街道开办连锁药店，人迹罕至，营业额就很难提高。

2. 人口密度高的地区和居民聚居、人口集中的地方

在人口集中的地方，人们有着各种各样的对商品的大量需要，当然，药品是必不可少的，而且需求基数也十分大。如果药店能够设在这样的地方，致力于满足人们的需要，那就会有做不完的生意。而且，这样的地方，顾客的需求比较稳定，销售额不会骤起骤落，可以保证药店的稳定收入。

3. 面向客流量最多的街道

因为药店处在客流量最多的街道上，受客流量和通行速度影响最大，可使多数人就近买到所需的药品。

4. 交通便利的地区

旅客上车、下车最多的车站，或者在主要车站的附近，或在顾客步行不超过15分钟路程内的街道。

5. 接近人们聚集的场所

如电影院、公园、剧院、农贸市场、学校等场所，或者大工厂、机关附近，以及一般人烟稠密、店铺林立且各种业态比较成熟稳定的地方。

6. 店中店形式

目前，各连锁药店都在跑马圈地，可在店址的选择上（尤其对于跨区域开店）确实有一定难度，一旦和某连锁超市或大型购物中心、商场等合作发展店中店，就可以充分利用他们的网点，而选址问题也等于转嫁给了超市或大型购物中心等，节省了大量的人力与物力。

7. 三岔路口

药店设在三岔路的正面，店面十分显眼，同样是被认为十分合理的药店位置。但是，处在这一位置的药店应注意尽量发挥自己的长处，在药店正面入口处的装潢、店名招牌、广告招牌、展示橱窗等要精心设计，以此抓住顾客的消费心理，将过往的行人吸引到药店中来。

六、选址的策略

药店前期的选址对于一个药店后期的成功运营起着非常重要的作用。一个合适的药店地址可以给药店带来许多顾客，创造更高的利润。据统计，影响一个药店是否赚钱的因素当中，选址占40%以上。因此，经营者在选址时，一定要慎重考虑，实际运作中可参考图1-21所示的选址策略。

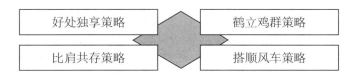

图1-21 选址的策略

1. 好处独享策略

假如经过调查发现有某一目标消费群很集中的区域，但附近并无类似店铺，此时自己应该做那"第一个吃螃蟹的人"，将会独家享有好处。

2. 比肩共存策略

将自己的店铺置身于高档店铺群落之中，与高档同业比肩共存。注意此策略运用时，自己的规模、装修档次、服务水准等，绝对不能低于同业，最好是略高于同行一点，否则会总处于竞争被动地位。

3. 鹤立鸡群策略

当自己的店铺处于比自己规模小的其他店铺群落之中时，将能获得良好的出位效果。此策略的运用讲究适度，如果周围其他的店铺都过小而且档次太低，则又有可能拉低我方店铺的档次形象。

4. 搭顺风车策略

原则上店址不要过于靠近规模大过自己的药店，然而如果大药店只是规模较大，但服务水准不高、产品过于廉价，则表明同行其实并无市场竞争力，则店址可以充分靠近，将能有效夺取对手客源。

七、选址的误区

开店选址是投资药店的一笔重大投资，同时也是店铺能否成功的必要条件，因此经营者在开店选址时需要非常谨慎。而很多初次投资药店的经营者往往对开店选址了解并不多，因此在开店选址中难免会犯一些错误，容易走进选址的误区。具体如图1-22所示。

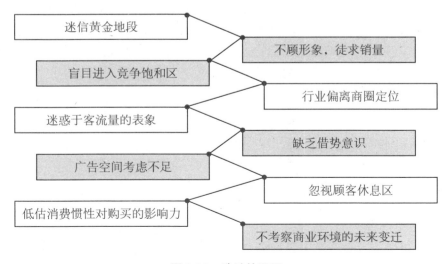

图1-22　选址的误区

1. 迷信黄金地段

"非风水宝地不选"是很多创业者开店选址中普遍存在的一种心态。殊不知，黄金地段的昂贵租金与激烈竞争所带来的经营压力，非一般投资者所能承受。

2. 不顾形象，徒求销量

对于经营中高端药店而言，除了考虑店址对销量的促进作用外，还应评估其对品牌形象的影响。为确保品牌形象不受损害，经营者在店铺的选址方面还需强调周边环境的卫生、清洁、美观。

3. 盲目进入竞争饱和区

过度集中往往会造成市场饱和。有时候，位于同一商圈的多家同类店面看起来生意都很好，实际上已达到竞争平衡的临界点。新增加一家店，市场就超饱和了，造成僧多粥少的局面，原先挣钱的都开始亏损，大家只有打价格战。

4. 行业偏离商圈定位

每个地区都有自己的整体商业网点布局，错位选址，逆势而动，往往得不到宏观政策的支撑和大环境的推动，吃力不讨好，最后只能选择撤出。

5. 迷惑于客流量的表象

对于药店而言，除了要考虑总体的客流量外，更应深入分析客流的有效性。以为人流密集的地点就是药店的好商圈，这是对商圈的误解。

6. 缺乏借势意识

做生意要成行成市，过分孤立仅靠一家店面单打独斗，未必就是一件好事。巧妙地借对手的势，往往能对销售起到积极的促进作用。

7. 广告空间考虑不足

店招、立牌、展示架、海报，这些常见的广告道具对于药店的销售有不可忽视的作用，运用得当能起到四两拨千斤的效果。在选址时，最好是了解门窗是否可改装为落地式大玻璃结构，当地政府对店招悬挂有无特殊要求等。

8. 忽视顾客休息区

如今的消费者越来越挑剔，对药店的服务完善程度越来越重视。药店必须将这些因素考虑进去，否则店址再好，店内没有方便顾客休息的服务区以及消磨时间的一些配套服务，也很难让客户对店面满意。

9. 低估消费惯性对购买的影响力

在选址考查时要对该地消费者的购买习惯进行深入调查，很多经营者虽然在定位、商圈的分析上下足了功夫，但因对消费者的消费特性考虑不到位，最终只能草草收场。

10. 不考察商业环境的未来变迁

药店的投资回报周期较长，一旦周边环境发生变化，必将导致投资无法收回。有些目前看起来很优越的位置，可能过不了多久就会因城市发展变化的要求而陷入改造、拆除的麻烦。

第五节 店铺设计与装修

药店的装修设计直接影响到消费者购物体验，所以对药店的经营来说非常重要。药店的装修设计在整个药店筹备的流程中也非常重要，在进行设计的时候一定要进行合理的安排和布局。

一、店铺起名

店址选好后，就要给自己的店铺取一个有特色的店名。

1. 店铺名字的重要性

与人的名字一样，店名也是很重要的方面，店名的好坏会对消费者心理造成一定的影响。好听好记的名字才容易被消费者记在心里。有的店因为店名有特色，再加上商品货真价实，服务热情到位，就能激起人们的消费欲望，增加回头率。店名在一定程度上已经把店内的信息传播给了消费者，如果消费者对店名认同了，那他自然愿意在店内消费。

一个别致、通俗、好听、好认、好记、好写的名字才更容易得到消费者的共鸣。在经营中，店名通俗与否、是否好认，直接决定了与顾客的距离。如果你的店铺名字大家都认识且朗朗上口，消费者就容易留下印象；而如果你的店铺名字太过冷僻和生疏，那么，一来消费者不认识，不可能把你的店介绍给更多的人，二来就算有的消费者认识，把你的店介绍给他人，而别的人不认识这个字，即使到了店外，也可能因不知道朋友介绍的是不是这家，而不敢贸然进入只能选择其他的店，这样的结果岂不是适得其反。

2. 店铺起名的技巧

对于想开店的经营者来说，在给自己店铺起名时，可参考图1-23所示的技巧。

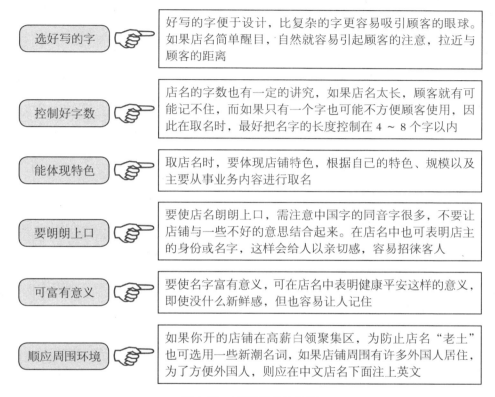

图1-23　店铺起名的技巧

要知道，药店是出售药品的地方，是希望治好更多人的疾病的地方，所以可以围绕"健康"含义起名，这样消费者也能信任你的店铺。

如"九康"，"九"与久同音，为吉祥的象征，"康"字自然就是健康的意思。

二、店面logo设计

logo是徽标或者商标的英文，有着对徽标拥有者的识别和推广作用。通过形象的logo可以让顾客记住其主体和品牌文化。

1. logo 表现形式

logo表现形式的组合方式一般分为特示图案、特示字体、合成字体，具体如表1-11所示。

表 1-11 logo 表现形式

序号	表现形式	具体说明	备注
1	特示图案	属于表象符号，独特、醒目，图案本身易被区分、记忆，通过隐喻、联想、概括、抽象等绘画表现方法表现被标示体	
2	特示字体	属于表意符号，含义明确、直接，与被标示体的联系密切，易于被理解、认知，对所表达的理念具有说明作用	字体应与整体风格一致
3	合成文字	表象表意的综合，指文字与图案结合的设计，兼具文字与图案的属性	

2. logo 性质

logo 具有图 1-24 所示的性质。

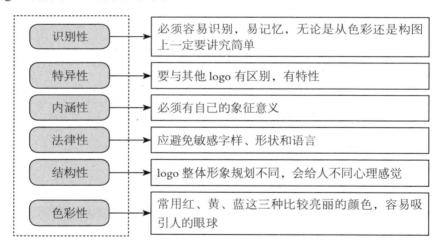

图 1-24　logo 的性质

3. logo 设计制作

一般药店 logo，都是寻找专业 logo 设计公司设计制作的。当然，可以将自己对 logo 的要求和想法，与 logo 设计公司设计人员沟通交流，以便设计的 logo 达到自己预先期望值。

三、店面色彩设计

一般来说，顾客进入店铺第一感觉就来自店铺的各种色彩。因此，在店铺内部恰当地运用和组合色彩，调整好店内环境色彩关系，对形成特定氛围空间能起到积极的作用。

1. 色彩搭配的原则

店铺装修的视觉效果是需要多方面因素支撑的，其中色彩的巧妙搭配以及综合运用就是一个至关重要的方面，色系选择不对，或者色彩搭配不符合大众审美，这样的店铺即使其他因素配合得再好也会给人不忍直视的感觉。具体来说，经营者在进行装修时，要遵循图1-25所示的色彩搭配原则。

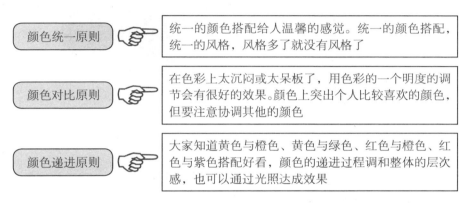

图1-25　色彩搭配的原则

2. 整体色调的选择

一家药店内部的整体色调是非常重要的。如果整体色调够亮丽，就会吸引客户主动进店观赏以及停留。反之，药店的内部整体色调太过简单，吸引路人的眼球就会非常困难，自然吸引客户主动进店的概率就会变小很多。

大多情况下，如果是有中药的店，装修贴近古色古香的感觉会更加吸引人，选择棕色或暗红色的色调来装饰店面，能够给人一种古朴、大气、信得过的感觉。如果是西药比较多的药店，感觉比较适合白、淡蓝等颜色，这些干净、明亮的颜色与现代医学比较接近，而这样装饰的店面当然会给人一种看上去更清新、专业、值得信任的感觉。

> **开店秘诀**
>
> 店内的主体颜色最好不能超过三个，多了给人感觉不太美观，最重要的是，一定要和门店经营类型、风格等有一定联系性。

四、店铺外观设计

药店的门头设计是需要让消费者能够第一眼就被吸引住,让客户更想进店,反之,则可能会被其他的店铺所埋没。

1. 外观设计的原则

从药店的外观设计可以定位药店的装修风格是什么样的,所以,要切记药店外观设计遵循的原则,如图1-26所示。

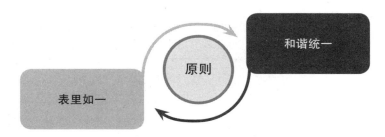

图1-26　药店外观设计的原则

药店的外观主要包括招牌、橱窗、店面开放程度三方面。这三方面都要符合行业自身的特点,从外观和风格上反映店铺的经营特色,让客人一看就知道是什么店。如图1-27所示的是药店外观设计效果图。

图1-27　药店外观设计效果图

2. 招牌设计

药店的招牌要有强烈的对比度,能够在第一时间内吸引到消费者,而且如果药店在比较热闹的街道，装修一些霓虹灯就非常有必要了，而且要保持店招的颜色，增加对消费者的吸引力。

店铺门牌的字体一定要慎重选择，因为字体是决定装修档次的最主要因素，要保证门牌字体与外观设计的颜色搭配和谐。

招牌设计制作基本常识

门面招牌是用来指示店铺的名称和标志，也是一种有效的广告形式，主要是用来引导顾客、反映经营特色与服务，可以说是具有高度概括力和强烈吸引力的门画。

1. 门面招牌的尺寸大小

招牌各个角度的测量与计算，要站在消费者的立场，将实际每个能行走的、骑车或开车的路径好好地模拟走一遍，最好以开车的速度来计算在怎么样的设计之下可以让消费者更加容易地看清楚招牌。所以招牌最好正面侧面都要设计，这些不同角度的招牌通常是为方便行人或车辆观看。招牌字体设计大小要以车速40公里/时且离招牌60~90米可以看到招牌内容为好。司机往往只能花极少时间分神来看标志，因此招牌字型方面需选辨识度较高的为佳。

2. 选择好招牌种类

（1）横置招牌。在门店的正门处安置的招牌。一般来说，这是店铺的主力招牌，是最常见的招牌之一。

（2）立式招牌。即放置在店铺门口的人行道上的招牌，用来增强门店对行人的吸引力。

（3）遮幕式招牌。即在门店遮阳篷上施以文字、图案，使其成为店铺的招牌，这种招牌一般比较少见。

（4）广告塔。一般是在店铺的顶端设置广告牌，用于宣传自己的门店和吸引消费者。

（5）外挑式招牌。外挑式招牌距门店建筑表面有一定距离，突出醒目，易于识别，如各种立体造型招牌、雨篷、灯箱、旗帜等。

（6）人物、动物造型招牌。这种招牌具有很大的趣味性，使门店更具有生气及人情味。人物及动物的造型要明显地反映出门店的经营风格，并且要生动有趣，具有亲和力。

（7）霓虹灯、灯箱招牌。在夜间，霓虹灯和灯箱招牌能使门店更为明亮醒目，制造出热闹和欢快的气氛。霓虹灯与灯箱设计要新颖独特，可采用多种形状及颜色。

（8）平面招牌。包括喷绘、刻绘、手绘等。

（9）立体招牌。包括雕刻、金属字、吸塑等。

（10）亮化招牌。包括灯箱、霓虹灯、LED等。

3. 店面招牌内容要求

对于许多中小型的店铺而言，在招牌的设计制作上，可直接反映门店的经营内容。制作成与经营内容相一致的形象或图形，能增强招牌的直接感召力。由于招牌代表了店铺的整个形象，所以其店名文字应该容易理解，读起来不拗口。文字的书写可以根据店铺所销售的商品类型来相适应，比如是药品类的，一般要写方正的楷书，对于理发店或者是服装店那就可以写得生动活泼点，但不使用难以读懂的行书或者草书。为了生动形象，可在招牌上使用多颜色字体，或在招牌上贴商品宣传广告画，增加吸引力。

4. 招牌颜色对比和风格

栏架或垂吊招牌的色彩必须符合门店的标准色。消费者对招牌识别往往是先识别色彩，再识别店标的，色彩对消费者会产生很强的吸引力。首先，根据店铺经营范围不同，可以取不同颜色的招牌。其次，形成对比色彩的亮度差越大对比度越强，同一种颜色的实焦点处与虚焦点处可以形成对比。一定要能够使整个招牌非常清楚呈现所有要表达的内容，颜色看起来鲜艳醒目，可以增加它的辨识度。

5. 店面招牌照明效果

（1）广告招牌的照明方式。投光灯投射招牌和利用灯光映衬招牌。用高亮度的光线做招牌背景，以实体字遮挡光线，从而清晰地展示店名等文字。尤其在晚上，黑色的夜景能让店铺招牌明亮醒目，增加店铺在晚间的可见度。利用霓虹灯来做装饰，霓虹灯具有活跃气氛、富有动态感等优点，照明效果非常好。选择霓虹灯的颜色应以单色或者较强的红、绿、白等为主，突出简洁、明快的特色，制造热闹和欢快的氛围。利用灯箱招牌也是不错的选择，将店名设计和灯光照明融合一体。

（2）照明条件需注意。招牌设计展示除了要具备良好的照明条件外，还应该注意照明位置和灯具的选择。至于招牌投光的范围可以根据你想要的表达效果来决定。局部招牌投光可以强调招牌的特定位置，显示整体招牌形象设计的特点，具有强烈的指示性和说明性质，非常适合广告招牌设计上重要部位和精致表现。金属模型器械类招牌的质感表现需要扩散性好、无阴影的照明效果。这些都要具体视内容、类别、特性等，再加以不同广告招牌设计，搭配照明的效果。

6.门头招牌设计与商店整体协调

门头招牌设计应该与整体门店的风格一致，这样才可以增加消费者对门店本身的认知与熟悉感。如门店基本色如果为黄色，那么店内设计基本色与招牌设计基本色就应该取得一致和协调，甚至宣传发放的DM（直邮广告）及名片最好也寻求一致，这样可以强化顾客对门店的印象。

7.广告招牌设计的封边条要求

封边条外表有必要滑润，光泽度适中，不能太亮光或太哑光。最佳为无起泡或很少起泡，无拉纹或很少拉纹。封边条要确保平直，底部和面都要平坦，厚度均匀，不然导致封边结束后胶线粗重，形成很大缝隙。封边条要有一定的合理硬度，弹性越高质量越好，且耐磨性越强，硬度太高则不好用，过软可能会下降耐磨性，增加变形可能性。修边后应确保光泽度好，与面色越接近质量越好。

8.招牌设计制作使用的材料

常用的主要广告招牌设计制作材料有PC板、PVC板、KT板、热板亚克力板、冷板、PS板、亚克力板、双色板、芙蓉板、铁板、铝板、不锈钢板、钛金板等。这些可以具体根据你的招牌类型和风格，还有招牌设计价格预算来进行选择。

五、店铺规划布局

经营者在装修药店之前需要规划好药店的整体布局，把每一块的面积作用都规划好，这样才能更好地利用药店的空间。

1. 功能性统筹

一个药店虽小但"五脏六腑"应该俱全，不能"缺胳膊少腿"，所以装修设计时要有预见性，要预见到药店在经营时有哪些功能性需求，比如促销活动、连接网络等，还有就是要预留冰箱、收银台、饮水机等各种设备的摆放位置。因此，要考虑综合统筹，将各种需求在装修时一并设计好。注意预留位置要和整体设计融为一体。

比如，药店会经常搞促销活动，在装修时就要将一些挂条幅的挂钩设计安装好；再比如夏天，可以延长营业时间，需要聚集人气，如果设计一些投射灯就可以达到较好的效果，那么就要提前预留电源甚至还要防水。

如果没有在装修时统筹这些细小的功能，将来使用时就会感到很麻烦。

2. 货位布局

药店销售情况的好坏，依赖于顾客的量，药店的货位布局不是单纯的商品货架、柜台的组合形式，它还承担着重要的促销宣传的作用。合理独到的药店货位布局，能够吸引更多的顾客前来购物，并能诱导他们增加购买数量，提高顾客对于药店的认同感。在规划药店商品货位布局时，一般应注意以下问题。

（1）药店经营的特色药品及主推药品、季节性药品，适宜设在入口处明显易见的地方。

（2）关联药品可邻近摆布，相互衔接，充分便利选购，促进连带销售。如将妇女类和成人用品类、儿童类邻近摆放。

（3）按照商品性能和特点来设置货位，如把互有影响的商品分开摆放，比如将保健品和药品单独隔离成相对封闭的售货单元，集中顾客的注意力。

（4）将冲动性购买的商品摆放在明显部位以吸引顾客，或在收款台附近摆放些小商品或时令商品，比如避孕套、维C泡腾片等，顾客在等待结算时可随机购买一二件。

（5）可将客流量大的商品组与客流量较少的商品组相邻摆放，借以缓解客流量过于集中，并可诱发顾客对后者的连带浏览，增加购买机会。

（6）按照顾客的行走规律摆放货位。我国消费者行走习惯于逆时针方向，即进店后，自右方向左观看浏览，可将保健品放在左边，药品在右边，既达到了保健品销售的同时还不能阻断药品客流线并且便于顾客购买。

3. 顾客通道设计

顾客通道设计得科学与否直接影响顾客的合理流动，一般来说货架和通道平行摆放于店堂，各通道宽度一致。

货架和通道平行摆放的优点和缺点如图1-28所示。

 布局规范，顾客易于寻找货位地点；通道根据顾客流量设计，宽度一致，能够充分利用场地面积；能够创造一种富有效率的气氛；易于采用标准化陈列货架；便于快速结算

 容易形成一种冷淡的气氛，特别是在营业员犀利目光观察之下，更加使人手足无措，限制了顾客自由浏览，只想尽快离开药店；易丢失商品，失窃率较高

图1-28 货架和通道平行摆放的优缺点

六、店铺灯光设计

一家药店如何经营，在营造提升药店卖场销售氛围时，店铺的照明是不可忽视的，绝不能有"将就"的想法。尤其是对于门面较小的药店，在照明设备上更要用心，灯光太暗，不利于顾客挑选药品。

1. 灯光的用途

首先，灯光可以突显店面陈列的药品的形状和外观，有效地吸引过路人的注意，进而驻足观赏，诱导其进入药店，在适宜的光亮下挑选药品。因此，药店灯光的总亮度要高于周围的建筑物，以显示药店的特征，使药店形成明亮愉快的购物环境。如果光线过于暗淡，会使整个药店显出一种沉闷的感觉，既不利于顾客的挑选，对药店经营来讲，也容易发生售货时的差错。

其次，光线可以吸引顾客对药品的注意力。因此，药店的灯光布置应着重把光束集中照射向销售处，使之显目，不可平均使用。在药品陈列、摆放位置的上方布置较为明亮的灯光，可以方便顾客购买。

2. 照明方式

在整体照明的方式上，要视药店的条件而配光。灯光的使用上，可采用直接照

明、间接照明、半间接照明、集束照明等方式，以增强某些特定药品对顾客的吸引力，争取良好的推销效果。如图1-29所示。

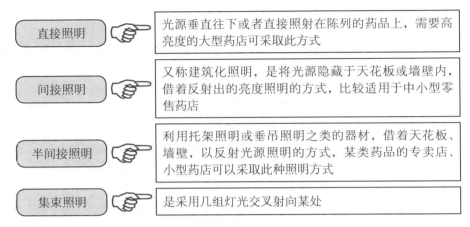

图1-29　药店可采用的照明方式

这些特殊的照明设备既美化了药店的环境，又起到了吸引顾客注意力，引发其购买欲望的作用，可谓一举两得。

3. 亮度的分配

零售店面和店内照明亮度的均衡分配应是：以全体照明的店内平均照度为1，店面橱窗为2～4倍，店内正面深处部分为2～3倍，药品陈列面为1.5～2倍，另外，需要加倍亮度的地方，只要加上局部照明即可。

4. 防止照明对药品的损害

有时候，药店营业员将药品递到顾客手中，才发现药品的有些部分已褪色、变色，不仅药品失去了销售机会，也使店方的信用大打折扣。为了防止因照明而引起的药品变色、褪色、变质等类似事件的发生，药店经营者应经常留心图1-30所示的事项。

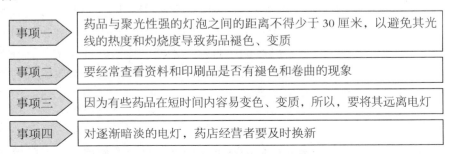

图1-30　防止照明对药品损害的注意事项

开店秘诀

> 药店的照明一定不能马虎，也不能应付，要认真对待，照明设计得好坏，不仅影响顾客挑选药品，也影响药品的变色、褪色、变质等情况的发生。

第六节 手续申请与办理

一、《营业执照》办理

营业执照是工商行政管理机关发给工商企业、个体经营者的准许从事某项生产经营活动的凭证。没有营业执照的工商企业或个体经营者一律不许开业，不得刻制公章、签订合同、注册商标、刊登广告，银行不予开立账户。

1. 个体户——"两证合一"

对于个体户来说，办理的营业执照为"两证合一"，即工商营业执照和税务登记证。

那么，怎样算是个体户呢？《个体工商户条例》第2条第1款规定："有经营能力的公民，依照本条例规定经工商行政管理部门登记，从事工商业经营的，为个体工商户。"

（1）个体工商户登记事项。

——经营者的姓名及住所：申请登记个体户的公民的姓名和户籍所在地的详细住址。

——组织形式：个人经营或家庭经营。

——经营范围：个体户从事经营活动所属的行业类别。

——经营场所：个体户营业所在地的详细地址。

——个体户可以使用名称，也可以不使用名称登记，使用名称的，名称亦作为登记事项。

（2）个体工商户营业执照办理所需材料。

——申请人签署的个体工商户开业登记申请书。

——申请人的身份证原件及复印件。

——经营场所证明，提供房屋租赁合同原件及复印件，房产证复印件。

——《中华人民共和国民法典》第297条规定的经营场所为住宅时，需要取得有利害关系业主的同意证明。

——近期一寸免冠照片1张。

——国家工商行政管理部门规定提交的其他文件。

（3）个体工商户营业执照办理流程。

——申请人填写材料，提交申请。

——受理人员受理。

——地段管理人员进行核查。

——所长批准登记申请。

——受理人员在10日内发放营业执照。

申请人对于材料的真实性要负责，经营场所的表述要和房产证上的一致，复印材料要用A4纸，并用黑色的钢笔或签字笔填写。

个体工商户的特征

（1）从事个体工商户必须依法核准登记。登记机关为工商行政管理部门。县、自治县、不设区的市、市辖区工商行政管理部门为个体工商户的登记机关，登记机关按照国务院工商行政管理部门的规定，可以委托其下属工商行政管理所办理个体工商户登记。

（2）个体工商户可以个人经营，也可以家庭经营。若个人经营的，以经营者本人为登记申请人；若家庭经营的，以家庭成员中主持经营者为登记申请人。

（3）个体工商户可以个人财产或者家庭财产作为经营资本。若是个人经营的，个体工商户的债务以个人财产承担；若是家庭经营的，个体工商户的债务以家庭财产承担，但是无法区分的，则以家庭财产承担。

（4）个体工商户只能经营法律法规允许个体经营的行业。对于申请登记的经营范围属于法律、行政法规禁止进入的行业的，登记机关不予以登记。

2. 企业——"五证合一"

自2016年10月1日起，我国正式实施"五证合一、一照一码"的登记制度。"五证"即"工商营业执照、组织机构代码证、税务登记证、社会保险登记证和统计登记证"。"五证合一"变为加载统一社会信用代码的营业执照，如图1-31所示。

图1-31 "五证合一"的营业执照

"五证合一"证件的办理流程如下。

（1）取名核名。

——按照公司名称结构规定给公司取名，建议取5个以上的名称备用，名称结构包含：行政区划、字号、行业、组织形式。

——咨询后领取并填写名称（变更）预先核准申请书、授权委托意见，同时准备相关材料。

——递交名称（变更）预先核准申请书、投资人身份证、备用名称若干及相关材料，等待名称核准结果。

——领取企业名称预先核准通知书。

（2）提交申请资料。领取企业名称核准通知书后，编制公司章程、准备注册地址证明所需的材料等向工商部门综合登记窗口提交登记申请材料，正式申请设立登记。

——综合登记窗口收到"五证合一"登记申请材料，对提交材料齐全的，出具收到材料凭据。

——工商行政管理局（以下简称工商局，有的地方称为市场监督管理局、工商和质量监督管理局）、质量技术监督局（以下简称质监局）、国家税务总局（以下简称税务局）对提交材料不齐全或不符合法定形式，不予核准通过的，将有关信息及需要补正的材料传送综合登记窗口，由综合登记窗口一次性告知申请人需要补正的全部材料。补正后的材料都符合要求的，综合登记窗口出具收到材料凭据。

——登记申请材料传送工商局、质监局、税务局办理审批和登记。

（3）领取营业执照。综合登记窗口在五个工作日之内，应向申请人颁发加载统一社会信用代码的营业执照。申请人携带准予设立登记通知书、办理人身份证原件，到工商局领取营业执照正、副本。

（4）篆刻公章。药店领取营业执照后，经办人凭营业执照，到公安局指定刻章点办理刻章事宜。一般药店要刻的印章包括公章、财务章、合同章、法人代表章、发票章。

（5）银行开户。根据《人民币银行结算账户管理办法》规定，药店银行账户属于单位银行结算账户，按用途分为基本存款账户、一般存款账户、专用存款账户、临时存款账户，原则上应在注册地或住所地开立银行结算账户。一家药店只能在银行开立一个基本存款账户，该账户是存款人因办理日常转账结算和现金收付需要开立的银行结算账户。药店银行开立基本存款账户，建议先和银行预约办事时间并确认所需材料的具体内容及份数、法定代表人是否需要临柜，一般需准备好如下资料。

——营业执照的正副本。

——法人身份证原件。

——经办人身份证。

——法人私章、公章、财务章。

——其他开户银行所需的材料。

二、《药品经营许可证》办理

《药品管理法》第五十一条规定："从事药品零售活动，应当经所在地县级以上地方人民政府药品监督管理部门批准，取得药品经营许可证。无药品经营许可证的，不得经营药品。"如图1-32所示。

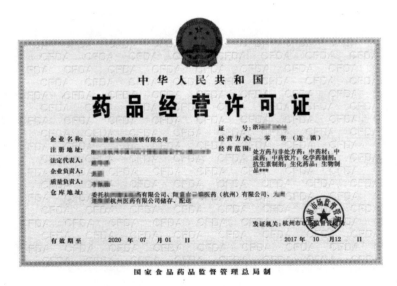

图1-32 《药品经营许可证》

1. 申办《药品经营许可证》的条件

《药品经营许可证管理办法》第五条有如下规定。

"开办药品零售企业,应符合当地常住人口数量、地域、交通状况和实际需要的要求,符合方便群众购药的原则,并符合以下设置规定。"

(1)具有保证所经营药品质量的规章制度。

(2)具有依法经过资格认定的药学技术人员。

经营处方药、甲类非处方药的药品零售企业,必须配有执业药师或者其他依法经过资格认定的药学技术人员。质量负责人应有一年以上(含一年)药品经营质量管理工作经验。

经营乙类非处方药的药品零售企业,以及农村乡镇以下地区设立药品零售企业的,应当按照《药品管理法实施条例》第15条的规定配备业务人员,有条件的应当配备执业药师。企业营业时间,以上人员应当在岗。

(3)企业、企业法定代表人、企业负责人、质量负责人无《药品管理法》第75条、第82条规定情形的。

(4)具有与所经营药品相适应的营业场所、设备、仓储设施以及卫生环境。在超市等其他商业企业内设立零售药店的,必须具有独立的区域。

(5)具有能够配备满足当地消费者所需药品的能力,并能保证24小时供应。药品零售企业应备有的国家基本药物品种数量由各省、自治区、直辖市食品药品监督管理部门结合当地具体情况确定。

"国家对经营麻醉药品、精神药品、医疗用毒性药品、预防性生物制品另有规定的,从其规定。"

2. 药品经营企业经营范围的核定

药品经营企业经营范围包括以下三类。

(1)麻醉药品、精神药品、医疗用毒性药品。

(2)生物制品。

(3)中药材、中药饮片、中成药、化学原料药及其制剂、抗生素原料药及其制剂、生化药品。

从事药品零售的,应先核定经营类别,确定申办人经营处方药或非处方药、乙类非处方药的资格,并在经营范围中予以明确,再核定具体经营范围。

医疗用毒性药品、麻醉药品、精神药品、放射性药品和预防性生物制品的核定按照国家特殊药品管理和预防性生物制品管理的有关规定执行。

3. 申办《药品经营许可证》的程序

开办药品零售企业按照以下程序办理《药品经营许可证》。

（1）申办人向拟办企业所在地设区的市级食品药品监督管理部门或省、自治区、直辖市食品药品监督管理部门直接设置的县级食品药品监督管理部门提出筹建申请，并提交以下材料。

——拟办企业法定代表人、企业负责人、质量负责人的学历、执业资格或职称证明原件、复印件及个人简历及专业技术人员资格证书、聘书。

——拟经营药品的范围。

——拟设营业场所、仓储设施、设备情况。

（2）食品药品监督管理部门对申办人提出的申请，应当根据下列情况分别作出处理。

——申请事项不属于本部门职权范围的，应当即时作出不予受理的决定，发给《不予受理通知书》，并告知申办人向有关食品药品监督管理部门申请。

——申请材料存在可以当场更正的错误的，应当允许申办人当场更正。

——申请材料不齐或者不符合法定形式的，应当当场或者在5日内发给申办人《补正材料通知书》，一次性告知需要补正的全部内容。逾期不告知的，自收到申请材料之日起即为受理。

——申请事项属于本部门职权范围，材料齐全、符合法定形式，或者申办人按要求提交全部补正材料的，发给申办人《受理通知书》。《受理通知书》中注明的日期为受理日期。

（3）食品药品监督管理部门自受理申请之日起30个工作日内，依据《药品经营许可证管理办法》第五条规定对申报材料进行审查，作出是否同意筹建的决定，并书面通知申办人。不同意筹建的，应当说明理由，并告知申办人依法享有申请行政复议或者提起行政诉讼的权利。

（4）申办人完成筹建后，向受理申请的食品药品监督管理部门提出验收申请，并提交以下材料。

——药品经营许可证申请表。

——企业营业执照。

——营业场所、仓库平面布置图及房屋产权或使用权证明。

——依法经过资格认定的药学专业技术人员资格证书及聘书。

——拟办企业质量管理文件及主要设施、设备目录。

（5）受理申请的食品药品监督管理部门在收到验收申请之日起15个工作日内，依据开办药品零售企业验收实施标准组织验收，作出是否发给《药品经营许可证》

的决定。不符合条件的,应当书面通知申办人并说明理由,同时,告知申办人享有依法申请行政复议或提起行政诉讼的权利。

4.《药品经营许可证》的变更

《药品经营许可证》变更分为许可事项变更和登记事项变更。

(1)许可事项变更是指经营方式、经营范围、注册地址、仓库地址(包括增减仓库)、企业法定代表人或负责人以及质量负责人的变更。

(2)登记事项变更是指上述事项以外的其他事项的变更。

药品经营企业变更《药品经营许可证》许可事项的,应当在原许可事项发生变更30日前,向原发证机关申请《药品经营许可证》变更登记。未经批准,不得变更许可事项。药品经营企业依法变更《药品经营许可证》的许可事项后,应依法向工商行政管理部门办理企业注册登记的有关变更手续。

5.《药品经营许可证》的有效期

《药品经营许可证》有效期为5年。有效期届满,需要继续经营药品的,持证企业应在有效期届满前6个月内,向原发证机关申请换发《药品经营许可证》。原发证机关按本办法规定的申办条件进行审查,符合条件的,收回原证,换发新证。不符合条件的,可限期3个月进行整改,整改后仍不符合条件的,注销原《药品经营许可证》。

三、《食品经营许可证》办理

由于药店经营的很多商品属于食品,因此经营者还要办理《食品经营许可证》。如图1-33、图1-34所示。

图1-33 《食品经营许可证》正本式样

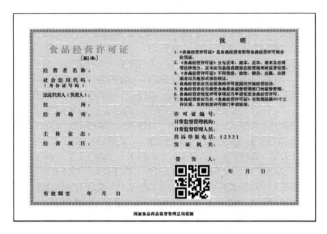

图1-34 《食品经营许可证》副本式样

食品经营许可实行一地一证原则，即食品经营者在一个经营场所从事食品经营活动，应当取得一个食品经营许可证。

1. 申请资格

申请食品经营许可，应当先行取得营业执照等合法主体资格。

（1）企业法人、合伙企业、个人独资企业、个体工商户等，以营业执照载明的主体作为申请人。

（2）机关、事业单位、社会团体、民办非企业单位、企业等申办食品经营许可，以机关或者事业单位法人登记证、社会团体登记证或者营业执照等载明的主体作为申请人。

2. 申请类别

申请食品经营许可，应当按照食品经营主体业态和经营项目分类提出。
（1）主体业态。食品经营主体业态分为图1-35所示的3种。

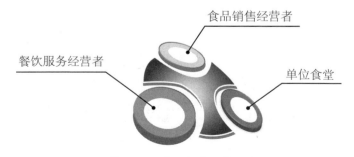

图1-35 食品经营主体业态

（2）经营项目分类。食品经营项目分为预包装食品销售（含冷藏冷冻食品、不含冷藏冷冻食品）、散装食品销售（含冷藏冷冻食品、不含冷藏冷冻食品）、特殊食品销售（保健食品、特殊医学用途配方食品、婴幼儿配方乳粉、其他婴幼儿配方食品）、其他类食品销售；热食类食品制售、冷食类食品制售、生食类食品制售、糕点类食品制售、自制饮品制售、其他类食品制售等。如申请散装熟食销售的，应当在散装食品销售项目后以括号标注。

列入其他类食品销售和其他类食品制售的具体品种应当报国家市场监督管理总局批准后执行，并明确标注。具有热、冷、生、固态、液态等多种情形，难以明确归类的食品，可以按照食品安全风险等级最高的情形进行归类。

3. 申请条件

根据《食品安全法》规定，申请食品经营许可，应当符合图1-36所示的条件。

条件一	具有与经营的食品品种、数量相适应的食品原料处理和食品加工、销售、储存等场所，保持该场所环境整洁，并与有毒、有害场所以及其他污染源保持规定的距离
条件二	具有与经营的食品品种、数量相适应的经营设备或者设施，有相应的消毒、更衣、盥洗、采光、照明、通风、防腐、防尘、防蝇、防鼠、防虫、洗涤以及处理废水、存放垃圾和废弃物的设备或者设施
条件三	有专职或者兼职的食品安全管理人员和保证食品安全的规章制度
条件四	具有合理的设备布局和工艺流程，防止待加工食品与直接入口食品、原料与成品交叉污染，避免食品接触有毒物、不洁物
条件五	法律、法规规定的其他条件

图1-36 申请食品经营许可的条件

4. 申请资料

申请食品经营许可，应当向申请人所在地县级以上地方食品药品监督管理部门提交下列材料。

（1）食品经营许可申请书。

（2）营业执照或者其他主体资格证明文件复印件。

（3）与食品经营相适应的主要设备设施布局、操作流程等文件。

（4）食品安全自查、从业人员健康管理、进货查验记录、食品安全事故处置等保证食品安全的规章制度。

开店秘诀

申请人应当如实向食品药品监督管理部门提交有关材料和反映真实情况，对申请材料的真实性负责，并在申请书等材料上签名或者盖章。

5. 食品经营许可证保管

（1）食品经营者应当妥善保管食品经营许可证，不得伪造、涂改、倒卖、出租、出借、转让。

（2）食品经营者应当在经营场所的显著位置悬挂或者摆放食品经营许可证正本。

6. 食品经营许可证变更

（1）食品经营许可证载明的许可事项发生变化的，食品经营者应当在变化后10个工作日内向原发证的食品药品监督管理部门申请变更经营许可。

（2）经营场所发生变化的，应当重新申请食品经营许可。外设仓库地址发生变化的，食品经营者应当在变化后10个工作日内向原发证的食品药品监督管理部门报告。

（3）申请变更食品经营许可的，应当提交下列申请材料，如图1-37所示。

图1-37　申请变更食品经营许可应提交的材料

7. 相关法律责任

（1）未取得食品经营许可从事食品经营活动的，由县级以上地方食品药品监督管理部门依照《食品安全法》第一百二十二条的规定给予处罚。

（2）许可申请人隐瞒真实情况或者提供虚假材料申请食品经营许可的，由县级以上地方食品药品监督管理部门给予警告。申请人在1年内不得再次申请食品经营许可。

（3）被许可人以欺骗、贿赂等不正当手段取得食品经营许可的，由原发证的食品药品监督管理部门撤销许可，并处1万元以上3万元以下罚款。被许可人在3年内不得再次申请食品经营许可。

（4）食品经营者伪造、涂改、倒卖、出租、出借、转让食品经营许可证的，由县级以上地方食品药品监督管理部门责令改正，给予警告，并处1万元以下罚款；情节严重的，处1万元以上3万元以下罚款。

（5）食品经营者未按规定在经营场所的显著位置悬挂或者摆放食品经营许可证的，由县级以上地方食品药品监督管理部门责令改正；拒不改正的，给予警告。

（6）食品经营许可证载明的许可事项发生变化，食品经营者未按规定申请变更经营许可的，由原发证的食品药品监督管理部门责令改正，给予警告；拒不改正的，处2000元以上1万元以下罚款。

（7）食品经营者外设仓库地址发生变化，未按规定报告的，或者食品经营者终止食品经营，食品经营许可被撤回、撤销或者食品经营许可证被吊销，未按规定申请办理注销手续的，由原发证的食品药品监督管理部门责令改正；拒不改正的，给予警告，并处2000元以下罚款。

（8）被吊销经营许可证的食品经营者及其法定代表人、直接负责的主管人员和其他直接责任人员自处罚决定作出之日起5年内不得申请食品生产经营许可，或者从事食品生产经营管理工作、担任食品生产经营企业食品安全管理人员。

四、《医疗器械经营许可证》办理

对于大中型药店药房来说，其经营范围不仅有药品，还有医疗器械。医疗器械是指直接或者间接用于人体的仪器、设备、器具、体外诊断试剂及校准物、材料以及其他类似或者相关的物品，包括所需要的计算机软件。

1. 医疗器械的分类管理

目前，国家对医疗器械按照风险程度实行分类管理，具体如图1-38所示。

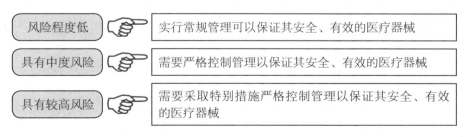

图1-38 医疗器械分类管理

2. 医疗器械经营条件

从事医疗器械经营，应当具备以下条件。

（1）具有与经营范围和经营规模相适应的质量管理机构或者质量管理人员，质量管理人员应当具有国家认可的相关专业学历或者职称。

（2）具有与经营范围和经营规模相适应的经营、储存场所。

（3）具有与经营范围和经营规模相适应的储存条件，全部委托其他医疗器械经营企业储存的可以不设立库房。

（4）具有与经营的医疗器械相适应的质量管理制度。

（5）具备与经营的医疗器械相适应的专业指导、技术培训和售后服务的能力，或者约定由相关机构提供技术支持。

从事第三类医疗器械经营的企业还应当具有符合医疗器械经营质量管理要求的计算机信息管理系统，保证经营的产品可追溯。

3. 医疗器械经营许可证的申请

从事第三类医疗器械经营的，经营企业应当向所在地设区的市级食品药品监督管理部门提出申请，并提交以下资料。

（1）营业执照及其复印件。

（2）法定代表人、企业负责人、质量负责人的身份证明、学历或者职称证明复印件。

（3）组织机构与部门设置说明。

（4）经营范围、经营方式说明。

（5）经营场所、库房地址的地理位置图、平面图、房屋产权证明文件或者租赁协议（附房屋产权证明文件）复印件。

（6）经营设施、设备目录。

（7）经营质量管理制度、工作程序等文件目录。

（8）计算机信息管理系统基本情况介绍和功能说明。

（9）经办人授权证明。

（10）其他证明材料。

4. 医疗器械经营许可证的有效期

《医疗器械经营许可证》有效期为5年，载明许可证编号、企业名称、法定代表人、企业负责人、住所、经营场所、经营方式、经营范围、库房地址、发证部门、发证日期和有效期限等事项。如图1-39所示。

图1-39 医疗器械经营许可证

开店秘诀

　　从事医疗器械经营，应当依照法律法规和国务院药品监督管理部门制定的医疗器械经营质量管理规范的要求，建立健全与所经营医疗器械相适应的质量管理体系并保证其有效运行。

相关链接

多地试点改革《行业综合许可证》

　　2020年7月，国务院印发《关于进一步优化营商环境更好服务市场主体的实施意见》，提出了"探索推进'一业一证'改革，将一个行业准入涉及的多张许可证整合为一张许可证，实现'一证准营'、跨地互认通用"的要求。

　　"一业一证"改革能为企业带来什么好处呢？监管部门介绍，改革后能大幅提升企业的办证速度，降低办证成本。

　　改革前，开办药店需申请办理《药品零售企业经营许可证》《第三类医疗器械经营许可证》《第二类医疗器械经营备案凭证》《食品经营许可证》4张许可证,改革后仅需申办一张《行业综合许可证》。

同时,办证的时限和所需材料均大幅缩减。药店行业许可审批办理时限压缩至7个工作日,申请材料由改革前的79份压减至19份。

值得一提的是,《行业综合许可证》上除了有经营者名称、行业类别、经营场所等信息外,还有一个二维码。扫一扫二维码,可查看集成具体许可(备案)内容。

监管部门表示,以后企业只要在经营场所公示《行业综合许可证》,即为符合亮证经营的规定。社会公众和监管部门可通过手机扫码查询,实现"一业一证"在区域内、行业内的互认和应用。

目前,全国已有多个地区进一步深化"证照分离"改革,深入推进"高效办成一件事"工作,对多个行业试点实施"一业一证"改革。

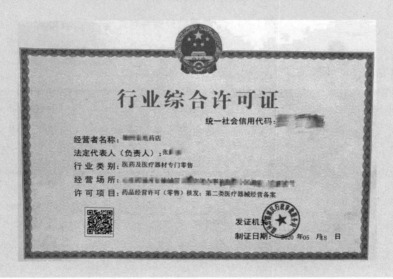

第七节　设备配置与管理

一、营业设备的配置

《药品经营质量管理规范》第一百四十五条规定,药品零售的营业场所应当有以下营业设备。

（1）货架和柜台。
（2）监测、调控温度的设备。
（3）经营中药饮片的，有存放饮片和处方调配的设备。
（4）经营冷藏药品的，有专用冷藏设备。
（5）经营第二类精神药品、毒性中药品种和罂粟壳的，有符合安全规定的专用存放设备。
（6）药品拆零销售所需的调配工具、包装用品。

二、系统设备的配置

《药品经营质量管理规范》第一百四十六条规定："企业应当建立能够符合经营和质量管理要求的计算机系统，并满足药品追溯的要求。"

由此可见，药店药房应配备符合经营和质量管理要求的计算机系统，该系统要能满足药品追溯的要求。

三、储存设备的配置

1. 库房设置要求

《药品经营质量管理规范》第一百四十七条规定，药品零售企业设置库房的，应当做到库房内墙、顶光洁，地面平整，门窗结构严密；有可靠的安全防护、防盗等措施。

2. 库房设施配备

《药品经营质量管理规范》第一百四十八条规定，药品零售企业的仓库应当有以下设施设备。

（1）药品与地面之间有效隔离的设备。
（2）避光、通风、防潮、防虫、防鼠等设备。
（3）有效监测和调控温湿度的设备。
（4）符合储存作业要求的照明设备。
（5）验收专用场所。
（6）不合格药品专用存放场所。
（7）经营冷藏药品的，有与其经营品种及经营规模相适应的专用设备。

3. 其他要求

《药品经营质量管理规范》第一百四十九条规定："经营特殊管理的药品应当有

符合国家规定的储存设施。"

《药品经营质量管理规范》第一百五十条规定:"储存中药饮片应当设立专用库房。"

《药品经营质量管理规范》第一百五十一条规定:"企业应当按照国家有关规定,对计量器具、温湿度监测设备等定期进行校准或者检定。"

 相关链接

××零售药店设施设备列表

序号	设施设备名称	数量	品牌	型号	用途
1	空调	1台			调节温湿度
2	冰箱	1台			冷藏药品
3	湿度计	2个			监测相对湿度
4	温度计	2个			监测温度
5	货架	10节			摆放药品
6	柜台	3节			摆放药品
7	灭火器	2个			灭火
8	灭蚊灯	2个			灭蚊虫
9	垫板	4块			摆放药品
10	灭鼠夹	2个			防鼠
11	电脑	1台			办公用品
12	阴凉储存柜	1台			储存药品
13	新版《GSP》软件	1套			质量查询
14	电子扫描仪	1台			药品销售
15	打印机	1台			打印小票
16	干燥剂	若干			储存药品
17	拆零方盘	1个			拆零药品用
18	拆零工具	1套			包含剪刀、镊子、一次性手套、口罩、药匙、药袋
19	中药饮片柜	2个			储存药品
20	调剂台	2~3组			饮片调剂

续表

序号	设施设备名称	数量	品牌	型号	用途
21	戥称	1个			称量药品
22	电子秤	1个			称量药品
23	筛子	1个			筛杂质
24	捣药罐	1个			捣药
25	乳钵	1个			研磨
26	铁研船	1个			研碎
27	包装纸（袋、绳）	若干			调剂包装用
28	粉碎机	1个			粉碎药品
29	煎药机	1台			煎药
…					

第二章

药店宣传推广

导言

　　一场成功的营销活动能持续提高药店知名度、认知度、美誉度、忠诚度、顾客满意度，提升药店形象，改变公众对药店的看法，累积无形资产，并能从不同程度上给药店带来多重效益。成功的药店离不开营销活动，营销活动是药店推广宣传的重要内容。

思维导图

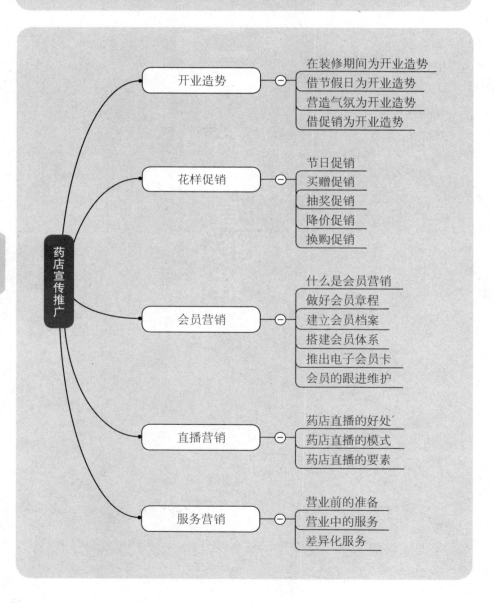

第一节 开业造势

每一家店铺开业，都对未来充满期待，希望有个"开门红"。经营者要善于利用现有条件为开业造势，明确了这一点，就能以较低的成本获得较好的效果。

一、在装修期间为开业造势

很多店铺在装修期间的促销是一片空白。短则几天长则月余的装修期，店门口人来人往，却白白浪费了这个宣传时机。

1. 喷绘广告

可以做一个显眼的、临时性的喷绘广告。花费不是很多，广告内容可以是对即将开业的店铺进行品牌形象的宣传，也可以是开业促销措施宣传。

2. 条幅

拉一个条幅，上面写着"距××店开业还有××天"，这样可以使顾客产生期待或好奇，为店铺开业造势。

3. 招聘广告

制作并张贴精美的招聘广告也是宣传店铺的好办法。开店必然要招聘相关人员，精美的招聘广告可以招来应聘者，同时也是对店铺的一种宣传。店主只需要简单地写上"招聘"二字和几句招聘要求就可以吸引很多目光。

二、借节假日为开业造势

一般店铺选在节假日开业是比较好的，因为节假日是大部分人最有时间、最有心情购物的时候，是人流量最大的时候。顾客是有从众心理的，喜欢热闹的、人多的地方。

三、营造气氛为开业造势

店铺开业时一定要营造出开业的气氛，让顾客知道你的店铺是新开业的，让他们关注你的店铺。

（1）店铺开业前要尽量买些花篮摆在门口，营造出开业的气氛。

（2）如果条件允许，可以设置一个充气拱门。

（3）店铺开业时可放一些有动感的音乐，以招徕顾客。

某药房开业现场如图2-1所示。

图2-1　某药房开业现场

四、借促销为开业造势

店铺开业一定要借促销来造势。促销活动可以是部分商品打折销售，也可以是送赠品，还可以是免费办理会员卡等。

为了增加促销活动的宣传效果，可以以贴海报、在店门口向行人发传单等方式吸引过往行人，使潜在消费者成为店铺的顾客。

第二节　花样促销

如今"要想销量好必须搞促销"已经成为商家的一种共识，药店自然也不例外。由于药品的特殊性，药店的促销活动就更要强调天时、地利、人和。

一、节日促销

节日促销是指在节日期间，利用消费者节日消费的心理，综合运用广告、公演、现场售卖等营销的手段，进行产品、品牌的推介活动，旨在提高产品销售量，提升品牌的形象。

促销活动的最终目的是吸客，不管是线上还是线下，尤其是大促，核心目的一定不是为了赚钱，因为做促销利润本来就很低，只能在促销过程中，通过对营销方案、促销方案的妥善设计，尽量提高利润水平，做到不赔钱，或者是盈利水平相对平衡。

1. 不同的节点吸引不同的客群

至于吸引哪些顾客，要看不同的平台和时间节点。比如"618"网店大促，主要是发动平台吸引老用户，从平台上为药店获取更多的顾客；线下五一、中秋、国庆、会员日等可能会针对某一个品类或者某一个客群，吸引客群流量的增加，最终实现适应这些客群的品类销售。

2. 不同的节点选用不同的促销方式

促销常用的方式有特价、买赠、满减、义诊、打折等，药店经营者可根据不同的时间节点，来选择不同的促销方式。

比如，在元旦、春节期间，送礼的人会比较多，店家可以采取满减的方式，让消费者踊跃购买；在三八妇女节之际，店家可以采取针对女性消费者特价、买赠的方式，让消费者感受到实实在在的优惠。

3. 不同的节点选择不同的产品

产品选择上采用品牌商品或畅销品吸引客流，为兼顾利润可联合高毛利产品。

对于不同的节日，消费者关注的品类不一样，因此要瞄准不同的节点，选择最适合的促销产品。

比如，爱眼日可以推荐隐形眼镜；糖尿病日可以推荐测量血糖的医疗器械；中秋节、春节等阖家团圆的日子，人们返乡过节探亲，往往会带一些滋补保健品；"618"和"双11"网上大促的买家往往是年轻人，他们更多会关注家庭日常用药及儿童用药等。

相关链接

全年部分节日促销规划表

一、元旦、春节

活动时间：元旦、春节期间。

活动主题：回家过年，送礼送健康！

活动内容：设立"年货一条街"，将与年货相关的商品包括礼盒，以及核桃、桂圆、红枣等健康食品集中特价销售。

1. 满额送

（1）购满68元送洗衣粉（300g）一袋。

（2）购满108元送抽纸3包。

（3）购满198元送卷纸一提。

2. 幸运大转盘

购满38元的顾客即可参与"幸运大转盘"活动，根据转到的图标拿奖品。

3. 健康关爱大行动

医疗器械，以及解酒护肝、心脑血管、关节保护、滋补类等商品限时折扣优惠。

二、三八妇女节

活动时间：3月1日～3月15日。

活动主题：春季商品大特惠——健康女人惠享"瘦"。

活动内容如下。

1. 商品选择

（1）明星商品：如眼贴、面膜、芦荟胶、蛋白质粉、天然维生素E、复合氨基酸胶囊等。

（2）季节商品：抗病毒口服液、板蓝根、菊花、柠檬片、减肥茶、肠清茶、芦荟软胶囊、左旋肉碱等。

（3）主题商品：如乌鸡白凤丸、妇炎康片、栓剂、洗液等妇科用药；电子健康秤、枇杷糖、金银花露、龟苓膏、钙铁锌口服液、鳕鱼肝油软胶囊、牛乳钙咀嚼片等。

2. 商品促销

以特价、组合价、买赠、第二件半价、折扣、满额送等方式进行。

三、五一劳动节

活动时间：5月1日～5月7日。

活动主题：健康出行，有备无患！

活动内容：出行旅游备药，如黄连素、氟哌酸、头孢拉定、晕车药、红霉素眼药膏、牛黄解毒片、体温计、一次性口罩、纱布、棉球、创可贴、棉签等。

提供备药清单与"小药箱"产品，整"箱"购买享受更多优惠，或满额送等。

四、母亲节

活动时间：母亲节前一周。

活动主题：爱与健康，都不能迟到！

活动内容：把健康送给妈妈！

精选母亲节产品如钙片、大豆异黄酮软胶囊、氨糖、花茶、按摩器、颈托、理疗仪等进行特卖。

五、端午节

活动时间：端午节前一周。

活动主题：一起过端午！

活动内容如下。

1. 来就送

活动期间，凭宣传单页即可领取咸鸭蛋或粽子2个，限前20位顾客。

2. 买就送

活动期间，进店消费的顾客就可送精美礼品一份，另可参加满额送。

3. 精选特惠商品

20个常用药特价；1元、2元、5元特价专区；营养素买一送一；医疗器械8折优惠；健康食品任选两件7折；个护专柜8折；贵细中药材8折。

六、儿童节

活动时间：6月1日~6月7日。

活动主题：趣味亲子活动。

活动内容：活动期间，儿童成长产品特惠，如钙粉、牛乳钙片、鱼肝油软胶囊、葡萄糖酸锌、益生菌制剂、乳品等。

1. 宝宝爬行比赛

报名参赛即送礼品，会刺激更多家长参与。活动当天设一、二、三等奖与参与奖，奖品丰厚，赠品为品牌奶粉现金券、卡通布娃娃、文化广告衫、气球等。

2. 奶粉冲调比赛

家长们参加奶粉冲调比赛，可以获得奶粉原商品、现金券或试用品奖励。

3. 婴幼儿微量元素免费检测

帮助检测幼儿体内微量元素，以观察幼儿营养情况。

七、父亲节

活动时间：父亲节前一周。

活动主题：爸爸，辛苦了！

活动内容：精选父亲节商品特价销售。

八、教师节

活动时间：9月10日。

活动主题：老师们辛苦了！

活动内容：凭教师证可免费领取精美礼品一份，限前20位。慢性咽炎类商品特价销售。

九、国庆节

活动时间：10月1日~10月7日

活动主题：喜迎国庆，欢乐同行！

活动内容：满额送；阿胶特惠；营养素买一送一；护肤品8折；部分产品买一送一；办会员卡送好礼。

1. 剪角优惠券

活动前派发DM单，顾客凭DM单剪角优惠3元券，进店消费满30元可抵减。

2. 会员双倍积分

活动期间，顾客购买部分商品可享受双倍积分或者三倍积分。

3. 会员日促销

会员折后满额送，同时享受双倍积分；会员惊爆特价单品。

十、中秋节

活动时间：中秋节前两周。

活动主题：举杯邀明月，低头思"健康"——把健康带回家！

> 活动内容：推出健康礼品特惠，如深海鱼油＋卵磷脂＋液体钙组合特价等，配以精美礼盒。
>
> 多元化经营，卖月饼券。与当地月饼销售商家合用，顾客买月饼券可享受9折，在规定时间内，凭月饼券到指定商家处可取月饼。
>
> 中秋节当天到店消费满额送月饼。

二、买赠促销

买赠促销，即通过向消费者赠送小包装的新产品或其他便宜的商品，来介绍某种产品的性能、特点、功效，以达到促进销售的目的。

对于药店来说，买赠促销常见的方式有以下5种。

1. 买商品送原品

买商品送原品是一般药店经常进行的促销方式，如某商品买三送一、买四送一等。

选择此类促销商品的时候，可优先选择慢性疾病用药、补益产品及保健品等，此类商品最大的特点是需要长期服用，因而赠送原品可让顾客感受到实惠，当然店主制定具体买赠策略的时候，应根据商品本身的价值决定。

（1）慢性疾病用药。慢性疾病用药可选择苯磺酸氨氯地平片、血塞通分散片、银杏叶片、盐酸二甲双胍缓释片等。这是由于此类慢病商品顾客需要长期服用（终身服用），在遵医嘱正确用药的前提下，价格及实惠度是决定顾客购买的首要条件。

（2）补益产品。补益产品可选择益气养血口服液、阿胶补血口服液、补肾强身胶囊等。补益类药物一般都需要疗程用药，仅靠一两盒很难有效果，在推荐疗程用药时适当的买赠会增加顾客的购买概率。

（3）保健食品。保健食品也需要通过较长一段时间的服用才能起到相应的保健作用，因而买赠也能增加此类顾客的购买力度。

2. 买商品送赠品

购买商品赠送赠品也是常用的买赠促销手段。此类赠品对于药店本身来说成本较小，顾客接受度也较高。

赠品可以是店主安排批量采购的其他礼物，也可是厂家赠送礼品，还可以是小规格的商品，无论赠送什么赠品，都不要收取顾客额外的费用，当然，商品和赠品的搭配最好是有所关联。

比如，买奥利司他2盒以上赠送电子体重秤；买儿童钙片赠送量身高贴纸；买抗病毒口服液赠送口罩；买花茶赠送水杯等。

3. 买商品送联合商品

买商品赠送联合商品也是买赠的可行方式之一，赠送的联合商品价格不一定需要太高。一般来说，联合赠送的商品是为了增加主要商品的疗效或是使用方便度，因此此类商品面对的顾客群体多是患病较轻或不是严重疾病的人群。

比如，购买妇科洗剂的人群赠送冲洗器；购买癣病喷剂及口服药物的人群赠送软膏剂；购买口服痔疮药物的人群赠送痔疮软膏等。

4. 买商品送代金券

购买商品赠送代金券的目的一般是为了增加顾客的二次消费及顾客黏度，刺激流失顾客回归消费，因此店主在设计赠送代金券方案时应分人群、分购买商品进行赠送。

比如，定向以短信的方式通知很久未消费的顾客，赠送无门槛代金券；门店消费顾客根据消费金额的不同赠送二次消费满额消减代金券；赠送顾客购买某类商品的定向代金券等。

5. 买商品送体验

买商品赠送体验也是一种可取的买赠促销方式。所赠送的体验可以是商品的体验，也可以是服务的体验。其目的在于引导顾客进行体验式消费，顾客体验后可能当时就会有效果，也可能在一段时间后有效果，但这并不影响顾客最终是否购买，顾客体验后更能直观感受到效果，也能体验出商品的价值和疗效。

比如，三伏贴试贴体验；某风湿药酒内服加外用体验；某外用镇痛软膏试用体验；精品大枣试吃体验；额温枪测温体验等。

三、抽奖促销

抽奖促销就是利用公众消费过程中的侥幸获利心理，设置中奖机会，利用抽奖的形式，来吸引消费者购买商品。

1. 奖品设置是关键

抽奖活动中，如果消费者对奖品不感兴趣，那么参与度一定不会高。很多抽奖活动失败的根源也就在于此。如果你跟不上消费者变化的速度，你就注定会被淘汰，所以药店在设置奖品时一定要注意以下3点。

（1）礼品也要"量身定制"。要针对消费者来量身定制，首先将消费群体划分，根据当地的风俗，了解消费者喜欢的是什么。

比如药店的主要消费群体是老人和妇女，所以要首先弄清他们的喜好，这类人群喜欢实用性强的东西，诸如餐具、日化用品等，药店在选择抽奖活动的奖品时，一定要考虑到这点，选择一些类似炒锅、餐具，或者是根据时令选择花露水、蚊不叮等礼品，用这些奖品吸引老人和妇女的参与。

（2）健身卡、电影券等"抓住"年轻人。随着时代的发展，现在的年轻人必定会成为药店未来的主流消费群体。在奖项的设置方面，药店也应该关注年轻人的需求。

针对年轻人的喜好，药店可以与健身房、时尚餐厅、电影院等年轻人喜欢去的场所组成"异业联盟"，在搞抽奖活动中设置一批立减券，抽到奖券者可凭借奖券到相关场所享受消费立减优惠！这个奖品的设置不仅能吸引年轻的消费者，而且还能让药店在异业联盟中收获更多年轻顾客的光顾，让药店在不知不觉中走进年轻人的"时尚圈"。

（3）一定要关联商品。药店在奖品的设置上还可以与健康商品关联在一起，做一些产品的优惠券或者免费赠送券等。

比如"××系列健康套装立减××元""赠送××保健品试用装一瓶"等。药店可以将此类优惠券、免费赠送券作为普惠奖，打造百分百中奖氛围的同时，让更多消费者获利，带动相关健康产品的销售，双管齐下收效匪浅。

在关联商品的优惠券设置上还要注意一点，优惠券要在下笔交易中使用，为了避免产生客户投诉，此类优惠券一定要将使用时间延长1～3个月，能让消费者得到真正的实惠。

2. 抽奖形式关系成败

奖品选择好了，就要去思考抽奖的形式，抽奖形式过于复杂，就会影响消费者的参与热情，所以药店一定要在"简单、易操作"的基础上设计抽奖形式。

（1）刮刮卡抽奖。即消费者凭借购物小票参加抽奖，根据预先设定的方案，奖券为刮刮卡，券面上写明中奖信息，由顾客亲自刮开，对照抽奖规则领取奖品。

优势：额满即抽即刮，简单易操作，顾客喜欢这种直接的抽奖方式。

劣势：由于门店员工也不知道哪些是大奖，所以可能会导致此门店的大奖抽不出来，或在活动第一天便抽出去。这就需要活动策划者有计划地印刷奖券，并在不同奖券的分发上做标注，活动长达3～7天的时候，叮嘱门店分批向抽奖箱内投入奖券，保证大奖及时抽出。

（2）答题式抽奖。此类抽奖形式可做知识竞答、品牌宣传等，即根据广告宣传作品或者企业介绍资料等，回答企业设置的问卷，并将问卷交回药店，所有问题回答正确的消费者，即可参加抽奖，中奖后到指定地点领取奖品。

优势：活动执行比较容易，只需要门店回收答题卡，工作量小。由于让中奖消费者到指定门店领取奖品，还可以促使顾客二次进店，增加消费的概率。

劣势：很多年轻人不喜欢这个形式，很少会对答题式的DM、报纸等宣传资料感兴趣，而年长者由于眼神不好，写字困难，也很少参与。这就要求策划者将宣传资料的字体放大，答题形式设计简单化，尽可能以判断题为主，并且安排多种形式的答题方式，如微信答题、邮件答题等，方便更多的消费者参与。

（3）游戏式抽奖。药店预先设置某种游戏项目，消费者消费满额后即可参加抽奖，如幸运大转盘、激情爆彩球等活动。

优势：这种游戏式抽奖的形式现场气氛好，代入感强，消费者参与活动的过程还能吸引周边人们的驻足关注，可以为门店赚足人气。

劣势：客流较大的时候，场面难以控制，需要多名员工在旁边做服务工作，尤其是爆彩球的抽奖方式，虽然很热闹，但是后期打气球、装奖券都是很大的工作量，浪费人力、物力。而且如果顾客频繁抽到不理想的奖品，会在现场造成负面情绪，引起周边顾客质疑。

（4）线上微信抽奖。这是一种新的抽奖方式，经常出现的是投票、大转盘、积攒等形式。这种方式易参与，消费者动动手指即可，所以深受消费者的喜爱。

优势：消费者参与活动的过程，对公众号的传播也非常有利，每做一次活动，都会达到"吸粉"的作用。

劣势：会有一部分的投入，因为一些活动是需要与微信第三方平台合作完成的，比如大转盘抽奖等，会根据不同的项目付出一定的费用。而且若药店不及时公布中奖名单，还会引起顾客对抽奖方式的公开性、透明性产生怀疑，引起不必要的客户投诉。

四、降价促销

降价是药店的一种经营手段。药店商品降价的目的是为了扩大销售额，赚取适当合理利润又服务了顾客。既然是经营手段，那如何利用这个经营手段？其措施如图2-2所示。

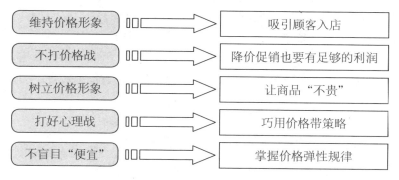

图2-2 降价促销的措施

1. 维持价格形象，吸引顾客入店

（1）导入顾客流量和树立价格形象。只有足够的价格诚意，让顾客感觉到商品超值才会引起他们的兴趣，进而进店形成选货和购买。也就是说，促销中的降价商品第一任务是把顾客引进门。

（2）维持在商圈内的价格形象。你的促销商品经过长期宣传后，顾客会对门店商品价格有个综合性判断，这种判断基本上就是门店的价格形象。顾客阐述价格形象不会像专业人士一样分析，而是简单的几个字：贵、便宜、适中。

2. 不打价格战，降价促销也要有足够的利润

降价商品中，除了负毛利和零毛利的商品，一定要有足够利润点商品通过足够量的销售来弥补损失，赚取足够的利润。不然，赔本赚吆喝，就失去了促销的本质意义了。

最重要的是不要将促销活动打成价格战。往往很多人的想法是通过促销活动狠狠打击竞争对手，最好是所有顾客都到我这里来从而让其他店关门大吉。

通常情况下，只要不是门对门刺刀见红的血战，你的促销活动也只能吸引部分竞争对手客户到你店中，不会出现大批客户倒戈。一个成熟的店铺都是有稳定顾客群支撑的，一定范围价格竞争只会提升彼此的竞争力，不会出现倒闭现象。如果你把价格打太低甚至负毛利，就会引起商圈价格战，价格战的后果是没有赢家。价格战的结局往往是伤人一千自损八百，最后双方不得不偃旗息鼓握手言和。

所以说，促销商品降价的目的是获取顾客和利润，而不是一味争强斗狠。

3. 树立价格形象，让商品"不贵"

降价一方面可以带来即时人流及销量的提升，另一方面可以帮助药店树立长期的价格形象。如何有效利用产品降价这种最直接、最有效的方式来树立药店价格形

象，是药店面对的重要问题。产品降价要科学、合理地开展，要明白降价的目的及预期。

降价分为两种目标：第一，提升销量；第二，吸引竞争商圈的顾客。而药品在消费者心目中形成的价格形象才是药店商品价格唯一的衡量标准。因此，降价有图2-3所示的两条法则。

法则一	降到最小货币单位或低于最小货币单位
	比如，老百姓大药房在新店开业和店庆时，打破常规，将金嗓子喉宝降价为1元钱，成为首创，是医药圈典型的降价案例
法则二	让商品从"贵"变得"不贵"
	每个人都想买到价廉物美的产品，所以降价就成了常态，那么如何才能让顾客觉得产品不贵呢，这就要从产品价值方面来考虑了，只要让顾客明白产品的价值比价格高，那么自然"贵"就变成"值"了

图2-3　降价的法则

4. 打好心理战，巧用价格带策略

各种形式的降价只是一种手段，其目的不是真正意义上的降价，而是让顾客形成心理价格认同感。

根据销量分析，商品主要围绕价格重心点（PricePoint，即PP点）配置。

价格重心＝销售额÷销售量，指的是顾客购买某一品类的平均价格。

比如，有A、B两家药妆店，A店的眼线笔有5个规格，其价格带分布在50～550元；而B店也有5个规格，价格带分布在90～450元。从价格带分析的角度来看，顾客会觉得B店的商品贵。因为A店的价格带（50～550元）明显比B店宽（90～450元）。于是，经常消费50元左右眼线笔的顾客（他们大多数人的品牌概念不强）会觉得B店的几乎贵了一倍，因此不会光顾。而经常消费500元左右的高端顾客群，会觉得B店的东西比A店低档，因此也不再光顾。此时，B店应该重新调整价格带，如增加45元和600元的规格，通过竞争性价格带的设置，强化顾客的心理价格认同感。

5. 不盲目"便宜"，掌握价格弹性规律

药店在顾客心里树立良好的价格形象，与商品价格的升降调整不无关系。

经营者需要熟练掌握运用产品"价格弹性"的管理手段来进行价格调整。药品是一种特殊商品，是顾客和患者必需的刚性需求产品，应综合药店商圈、药店品牌、药店药学服务的专业性等诸多因素进行考量。

药店中的每种商品都有自己独特的需求价格弹性。在药店经营的品类中，价格弹性相对较大的品类有保健品和非药品类别，以及具有保健性质的滋补类药品。

比如，保健品因价格下降10%导致需求量增加20%，则其需求价格弹性即为2；某心血管药品因价格下降10%导致需求量增加1%，其需求价格弹性即为0.1。

总而言之，药店商品降价首先要明确降价的目的，针对畅销品种进行降价更需要策略，如优质客户——慢性病顾客的用药吸引；品类降价要和商圈竞争联系起来，注重季节性品种的降价；最重要的是，经营者必须牢记，价格竞争不是孤立的，而是建立在竞争的商圈中，不要一味盲目地"便宜"。

 **相关链接**

巧妙利用价格杠杆

一、促销降价、平时不降价

我们可以把促销理解成短跑，平时销售理解成长跑或马拉松，没有人能以短跑的速度跑完马拉松。所以，降价是分时段的，促销的时候不降价不行，平时老降价也不行，说明你除了会降价，其余的营销方式一概不知。

有人又问，那降价几天算好？一般来说，重头不重尾，所有的短期促销尽量不超过三天。按照促销方案，一般三天的促销，如果在前两天达不到目标销量的85%以上，促销任务基本上就完不成了。所有的降价活动一定要集中在前两天特别是第一天集中冲销量，良好的开端是成功的一半。降价要狠，商品库存量要足！

二、部分降价、整体不降价

同一个品类，比如保健品这种成体系的商品，尽量抛开我们平时见的模式：某某系列全场八折！这类促销，最后结算毛利的时候，一般都是销量涨了，毛利却跌了，做了半天活动，没有取得应有的效果。

对部分商品降价，可以让顾客选择部分特价商品的同时也购买部分全价商品，既带动了销售，也平衡了毛利。

三、捆绑降价、单一不降价

这类商品显著特点是顾客购买潜力大，多为家中常备或感冒发烧等常用药。常用第二件半价、第三件免费甚至疗程免单一盒等模式。

捆绑降价可以针对季节性、常备性商品进行提量销售，既不损伤顾客利益，又可以让顾客在价格和数量上做选择。

四、阶梯降价，逐步接受法

如果一个商品降价对销量产生很大的影响，尽量不要一步到位地降价，要形成阶梯的降价模式，逐步释放销量空间，给顾客一个接受降价的过程。而且降价的过程一定不是阶梯式往下，要用螺旋式的下降，通俗点说就是退两步进一步的模式逐步下降。如到达销量最大点，需要提价时，采用进两步退一步的模式提升价格。

五、吸客和竞争降价，吃亏也要赚吆喝

吸客和竞争降价，前者是可控的，降价主动权在自己手中，后者有点不可控，赚不赚钱都要竞争降价，赔钱也要赚吆喝，而且要把吆喝喊得足够响，在营销模式、营销策划上要多动脑筋。竞争降价不打则已，一打要打到底，让竞争对手感到心疼，在以后的竞争中，不敢正面跟你打价格战，这其实是一种对自己竞争优势的保护。

五、换购促销

换购是指门店顾客一次性销售小票满一定金额，另行加一定金额可以购买指定超值商品。

1. 换购与降价有什么区别

首先，价格竞争是一种低层次的竞争。价格竞争导致的直接后果就是毛利率的降低，如果销售数量不理想，则直接导致毛利额的降低，损失的是净利润。换购，是选择非常有针对性的商品，做一个超值购买。这个超值，是从消费者的角度考虑的，并不一定就是降低了零售价格。大范围商品降价，唯一的补偿途径就是靠销售总金额来维持总体毛利额的上升。换购促销模式，是通过提高单店客单价，来提升销售水平，同时通过销售换购商品的本身来达到一定的销售额。

2. 如何设置达到换购的临界金额

换购时，通常是凭门店顾客一次性销售小票满一定金额，即可对指定超值商品进行换购。这个临界金额，是参照门店销售的平均客单价来设置的，一般就以平均客单价作为参照金额。这样的临界金额，充分照顾了高端顾客群体的超值回馈服务，又可以有效提高低端客户的销售金额，一举两得。

比如，某店的平均客单价为30元，即顾客一次性购买商品金额达到30元，就可以进行相应的商品换购。

当然，亦可根据实际情况，设置不同的临界金额。

3. 如何选择换购促销的商品

因为换购的目的是通过促销，来提升客单价，所以商品应该更倾向于普遍适用性。既要照顾高端的顾客服务，也要打动低端客户的心。换购商品的换购价格要远远低于平均客单价，而换购商品真正的价值要远远高于平均客单价。做到真正的"物美价廉，超值优惠"。

4. 如何宣传换购促销信息

通常换购不需要大成本制作宣传用品，只需简易的DM宣传单和店堂海报，或者通过会员管理系统通知会员。

5. 如何动员供应商参与换购活动

对于参与换购促销的供应商来说，主要是考虑以下3个因素。

第一，产品是否刚刚推出市场，并且想在最短的时间获得一个较大的销售量。

第二，能否承担一笔适当的宣传费用。

第三，是否可以和零售商约谈好换购活动结束后的商品正常销售的问题。

第三节 会员营销

对于药店来说，会员的重要性不言而喻，尤其是忠实会员，对药店的客单价、毛利额的贡献要高于普通消费者35%～40%。会员的数量也一度被业内认为是门店销售业绩的保证。

一、什么是会员营销

会员营销，是一种基于会员管理的营销方法，而会员是区别于普通顾客，更有购买力，对门店贡献价值最高的一类人。通过分析会员的消费信息，挖掘会员的后续消费力，并通过顾客转介绍等方式，实现顾客价值的最大化。

> **开店秘诀**
>
> 药店只有主动去了解会员，分析会员的消费信息以及行为，对会员进行分类管理，才能进行更加有针对性的营销活动和关怀。

二、做好会员章程

现在会员制几乎所有的店面都在搞，但真正做好的并不多，其原因之一就是没有形成科学的会员管理制度，即会员章程。会员章程主要包括会员的条件和拥有的权利，是会员制的基本制度。在会员权利方面主要如图2-4所示。

1 会员通过购物来积累积分，可以进行积分兑换奖品

2 会员可以比普通顾客享有在消费某些产品时获得更多的优惠

3 会员可以根据消费情况进行升级，可以参加店里组织的各类活动

图2-4 会员的权利

好的会员制会形成合理的激励机制，促进会员的消费。一般情况下，首先是要开发新顾客，这个非常重要，难度也较大。会员开发可以通过各种活动，如只要在本店消费的顾客就可免费入会等方式来发展会员，有消费潜力的顾客可以让其免费成为会员。根据不同的区域，开发不同的目标消费群体，也可以根据顾客的不同需求对其进行开发，顾客的基数越大，发展成会员的人数也就越多，为会员的筛选和管理打好基础。

三、建立会员档案

会员档案就是建立会员顾客尽可能详细的个人信息。只有真正掌握会员的信息，药店的各类工作才能有的放矢、事半功倍，才能真正提升药店的销量与利润。建立会员档案是会员管理的第一步，方便进行跟踪服务，避免流失。在建立会员档案时，还要根据顾客的年龄、性别、收入等信息进行有效分类，老顾客和新顾客也

要进行区分。

会员档案分为四部分,即会员的个人基本信息、会员的消费信息、会员的职业信息、会员的生活习惯,这样就能综合反映会员个人的消费能力和对于药品及店面品牌的接受程度,使药店可以开展针对性的营销工作。

1. 会员的个人信息

会员的个人信息包括表2-1所示的内容。

表2-1 会员的个人信息

序号	信息类别	具体说明
1	姓名	对会员顾客登记姓名,以便在后续的跟进中正确称呼,既可以体现对顾客的尊重,也能保证会员资料的准确送达
2	性别	现在药店的会员基本是女性,但随着市场的进一步成熟,男性顾客的比重也会越来越大,做好登记,可以避免在跟进中发生误会,闹出笑话
3	年龄	年龄对于会员的细分很重要,不同年龄阶段的会员对于药店的需求点是不一样的,对不同年龄段的会员维护的方式也是不同的。年轻的会员对彩妆和基础护理品消费量大,年龄偏大的会员则对功能性的药品需求较多,这样药店根据会员的年龄更方便于店内经营品种的针对性推介
4	联系方式	手机、固定电话、微信、邮箱等,一定要掌握会员的有效联系方式,通过多渠道的联系才能与会员建立有效的沟通渠道,增进与会员的相互沟通
5	会员生日	记录会员的生日,并在会员生日的当天进行问候或提供小礼品或优惠购物,这是打动顾客的很好的办法,每个人都渴望被关心和重视,记住会员的生日就是对他们的关注,会拉近会员与药店的距离,增加他们的忠诚度
6	家庭住址	药店的顾客通常都是距离店面比较近的顾客,分布在店面周围15分钟的路程之内。准确记录住址,药店就可以将会员会刊及一些纸质媒介宣传资料及时送到会员手上,加深会员对于药店的认识。同时根据会员地址的分布,列出会员分布的区域,来针对性地开展工作。如某些区域的会员数量少而且该区域的消费能力又很强的话,药店就应该加强在该区域的宣传与推广工作
7	过往病史	了解顾客的用药情况,避免出现药物相克
8	过敏病史	了解顾客的过敏反应,避免诱发过敏,引发健康危机

2. 会员消费信息

会员的个人信息使药店对于会员有了最基本的认识，可以根据会员的个人情况设置不同的方案去更好地服务于会员及引导消费。但会员消费的品项、品牌选择不同，对于服务的需求方式不同，所以药店记录会员的消费信息，就可以根据顾客消费情况的变化，不断加以调整，给会员提供最好的个性化服务。消费信息包括表2-2所示的内容。

表2-2　会员的消费信息

序号	信息类别	具体说明
1	购买的产品	如会员购买产品的种类、品名、价格等，由此可以分析会员的消费选择方向、消费偏好，同时判断会员的产品选择是否与个人的需求相符，药店就可以更好地引导会员消费
2	消费的金额	记录会员的购买金额，可以来衡量会员的消费能力和消费潜力，并作为日后进行会员积分和返利的依据
3	消费的时间和频率	可以分析会员的消费规律，方便店员进行跟进
4	反馈的信息	记录会员对药店内产品、销售、促销、服务等方面反馈的信息，便于店面对于各类服务模式的优化与改进

3. 会员的职业信息

会员的职业信息包括表2-3所示的内容。

表2-3　会员的职业信息

序号	信息类别	具体说明
1	工作单位和职务	从工作单位和工作职务可以基本判断会员的经济收入和消费潜力，对日后针对性的销售工作打好基础
2	健康状况	会员的健康状况可以判断出会员购买的品类方向，同时提醒店员对过敏体质的顾客推荐产品要慎重，避免不必要的麻烦，另外通过会员的前健康现状和使用产品后的健康状况的对比，可以让会员更加能感受到使用产品后的效果

4. 会员的生活习惯

会员的生活习惯包括表2-4所示的内容。

表2-4 会员的生活习惯

序号	信息类别	具体说明
1	个人喜好	掌握会员的喜好,便于药店在服务跟进时,能够投其所好,打动会员,也增加会员对药店及店内经营品牌的忠诚度
2	养生保健需求	会员对健康的理解程度和关注程度,决定药店在做关联销售时的品类延伸方向

药店对于会员的基本信息一定要做好保密工作,这样会员才愿意将资料留下,很多会员不愿意留下详细的资料就是担心自己的信息外泄,会给自己的生活带来不良影响。会员基本档案建立时,一开始会员可能会只留下简单的信息,药店在后续通过优秀完善的服务会让会员信赖药店,这样才能完善其他的基本信息,才能将会员服务做到位。会员的基本信息发生变化时一定要及时更新,未能及时更新而出现信息脱节后,会导致会员跟进工作效率低甚至无效。

四、搭建会员体系

互联网时代,消费者拥有空前强大的话语权,其需求的远非品质、价格等基础的服务,而是更为全面的体验。想要真正获得消费者的认可与忠诚,就必须做好会员服务体系的全面优化。

1. 会员特价

顾客愿意办会员卡,很大的冲动来源于直接实惠——会员特价。如果平时能够多增加会员活动,加大折扣力度,细化药学服务,用这些有足够吸引力的优惠政策就可以吸引顾客。

药店在设立会员特价时,可参考图2-5所示的两种方式。

方式一:根据销售数量排行,将指定购买率靠前的品种挑选出来,加上所在市场区域内公认的敏感品种、医院处方外流的主要品种,以及门店或连锁公司主推品种,对其实施会员特价

方式二:全场会员特价,但降价幅度较大或具有较强竞争性的产品,主要包括敏感品种、指定购买品种和主推品种

图2-5 设立会员特价的方式

2. 会员优惠

设立会员特价不是措施的关键，关键是要不断宣传，让所有购买者都暗生"会员特殊"的优越感。有些药店对会员的资料登记很粗略，只留下了姓名和电话，而且也没有把这些数据进行有效保管和更新，这就导致收集的会员信息发挥不了作用。

3. 积分兑换

会员持续消费，消费产生积分，积分兑换礼品，兑出的每一份礼品都是纯利润。药店要想玩转积分，积分就要尽量兑换无法货币化的，最好是自己能提供的，标价很高、成本很低的商品。可以尝试以下方法。

（1）在会员生日、传统节假日、特殊纪念日等日子，给会员特殊的折扣、多倍的积分，或赠送一份特别的礼品，会员在感动之余，对药店留下更好的印象。

（2）根据会员的历史消费记录，通过统计分析，得出他们的消费频率、消费倾向、消费习惯等，然后向他们发送最喜欢的促销信息和最需要的药学知识，提高会员忠诚度。

（3）对于一些可能流失的高端会员，药店也可主动找机会向他们了解对会员制度的意见和想法，以便对会员制度的不足做进一步改善。

4. 积分政策

积分兑换政策，是吸引会员的一个基本亮点，药店应常年突出展示。如果多元化商品比较丰富，也可用无使用限制的现金券为主要兑换礼品。

5. 会员分析

维持会员首先应了解会员，通过已有会员的数据，每三到六个月进行会员数据分析。会员资料一定要尽可能详细、准确，而且要定期更新、完善。根据会员的消费习惯、年龄层次、所患疾病等方面进行针对性的分类管理和详情分析，然后给予定制化服务。

同时，药店对会员数据要时常更新，实行动态管理，这样就可以通过会员资料和会员参加活动的情况，更好地了解顾客的消费特征，优化会员服务政策。

6. 会员增值服务

在会员积分兑换活动的前期，主要是分析顾客的潜在需求，传递相关健康信息。

比如，通过会员购物篮分析，用手机短信或微信、电子邮箱等形式定向发送相关健康资讯。当积分兑换时间不足两月的时候，则需要发送会员当前积分、当前积分可兑换的奖励、下一挡积分额及对应的奖励等信息，主要目的是提醒顾客在有健康类商品需要的时候，首先选择本药店或连锁公司去购物，以便获得更大的积分兑换奖励。

 开店秘诀

> 与众不同又贴心的服务也会帮助药店吸引更多的顾客，若再加上有效的会员管理，顾客也就没那么容易流失。

五、推出电子会员卡

与实物会员卡相比，电子会员卡的领取、保存、使用都更为便利，而且可以方便零售药店的各项服务更主动地触达消费者。

1. 电子会员卡的好处

电子会员卡的推出，能让顾客和店铺实现双赢。对消费者而言，成为电子会员可以享受更多的优惠和特权，迎合了"花得更少，买得更好"的消费心理，减少了卡片丢失的风险，省去随身携带一堆实体卡的麻烦，如此多重便利与实惠的加持下，他们更愿意办理电子会员卡；对商家而言，电子会员卡代替实物会员卡，不仅节约了店员为用户注册会员卡的时间，也节省了制作实物卡的成本，会员消费金额达到预定额度还能够实现自动升级，此外也能更精准地掌握顾客的个人信息、消费信息等。

电子会员卡承载着更多的服务，能够促进商家与消费者的互动。原来给顾客一张实物卡，顾客拿走以后，可能半年也没有到门店来，药店是被动的。现在有电子卡，药店可以通过很多方式把新的服务和专业信息主动传达给客户，在与客户的互动过程中指导他们正确地使用药品，正确地认识疾病，培养正确的饮食、运动习惯，最终实现帮助顾客进行健康管理的目标。电子会员卡能够更好地让零售药店承担为消费者提供专业服务的社会责任。

2. 电子会员卡的领取

目前，零售药店的线上电子会员卡大多依托于微信平台，用户可以在各大药店的微信公众号上领取到微信卡包。

领取时分以下两种情况。

第一种，无需填写个人信息，只需授权一键申领即可。

比如，"老百姓大药房"公众平台上的电子会员卡，里面详细展示积分记录、优惠券、消费记录及会员权益、附近门店，并接入了健康保险等一系列的服务。

第二种，需要用户填写个人信息之后再领取。

比如，天津瑞澄大药房的电子会员卡，其运营是和微信打通的，目的是希望患者填写相关的信息。如在做慢病管理的过程当中，药店需要患者提供更全面的信息，因为这里会涉及后面一系列的问题。当患者在服用慢病药品时，药店要通过提取其手机号或者个人信息查看患者的服药情况、体检情况等信息，方便药店定期做回访，或给对方提供上门或者到店的健康检测服务。另外，有些厂家会赠送给顾客健康保险，必须要提供用户最真实的个人信息才能投保。

3. 电子会员卡的推广

从用户体验角度上看，会员卡只是会员系统的一种"仪式化"体现，"仪式感"会让用户更重视会员价值，从而提高对药店的忠诚度和黏度；从使用角度上看，电子会员卡可以在微信卡包中直接展示，越过打开微信公众号、支付宝服务号、手机APP等渠道，使用更便捷。

药店在推广上，可利用线上线下活动（商品促销、主题活动、医事合作、团购等）、会员权益交换（优惠券、个性化服务）、返利（拉新返积分、返现等）等多种方式吸引用户快速办理电子会员卡。

比如，瑞澄大药房一般是通过增值服务或专业用药服务吸引消费者注册电子会员。如其推出的健康减重训练营，对顾客的亚健康状况进行管理，对健康指标进行管理。健康管理和慢病管理的内核是一样的，做的动作也差不多，只不过内容不一样。瑞澄在做慢病管理闭环体系的搭建，努力把药店、医院、保险、医保串联起来，形成既能够为患者省钱，又能节省医疗费用，同时最大化改善患者的健康状况和健康指标，为医保控费助力。如很多糖尿病患者都有肥胖问题的困扰，他们的生活习惯往往不健康。在健康减重训练营中，瑞澄邀请了天津本地三甲医院的医生给用户做理论指导，同时配备健康管理师团队，在入训练营30天内，通过医生的健康评估，制定科学合理的饮食、运动计划，并使用一些辅助产品，从而实现减重10~15斤，并且不会反弹。30天内，每天早晚运动15分钟，饮食严格遵循计划执行，学员需每天在群里打卡汇报自己的身体指标，同时有健康管理师跟进监督，帮助学员养成健康的生活习惯。

4. 线上线下的融合

会员制和会员卡能精准锁定用户，打通线上线下会员购物，实现无界零售。跟踪利用用户线上线下消费数据，了解用户消费习惯，更便于药店为用户画像，定制更符合用户个性化的购买指导、用药服务等，也为药店制定销售方向、运营策略提供更有效的支持。

大数据时代，会员体系是用户数据管理的一种方式，它能帮助药店更好地理解消费者的需求，特别是一些有慢性疾病需要长期管理其用药的人群，结合药店已有的专业药师团队，给予他们更专业的、更合理的用药指导，提示他们复购和定期的复诊检测。

六、会员的跟进维护

针对会员，药店要将老会员和新会员进行区分，根据入会时间长短进行电话、短信、网络、邮寄、活动跟进，避免会员流失，同时吸纳更多的新会员；要建立周、月、季和年度的服务标准，定期向会员传达新品及促销信息，定期通过会员尊享礼品、会员联谊活动等形式，增加会员的认同感，做好定期的客情沟通，调整销售的侧重点，提高会员返店的概率与成交的额度，增加消费频率，开拓新客源。

1. 店内跟进

在店内针对会员有会员特享、积分奖励、礼品赠送、免费检测、免费健康培训等优惠，在会员来到药店后，店员热情接待，提醒会员可以享受的优惠，让会员享受到价值感。

2. 电话跟进

电话当中与会员的沟通是语言的沟通，效果更直接，快速而有效，因而要掌握电话跟进的诸多运用技巧。

（1）3+3+3式电话跟踪服务。此服务即顾客第一次在药店购买产品以后，在3天后进行电话跟踪，询问顾客对产品有没有使用及使用方面有无疑问等，这样会增加顾客对药店的好感，为成为会员奠定基础。在3周后再一次跟踪，此时顾客已使用产品半个多月，对产品也会有一定的感想，这时应询问产品使用的情况，给顾客解答一些健康知识，同时邀请顾客光临药店，享受一些其他的售后服务，可以告知店里专为他（她）特意准备一份礼品，让他（她）在某某时间过来领取，增加再次销售的机会。在3个月后再一次与顾客通电话，询问健康状况，并告知店内最近有什么活动,还可以使用一点小技巧,如告诉他(她)是店里唯一一个本月幸运顾客,将得到某某礼品等。此时顾客的产品已基本用完,购买的概率则大大增加。

(2)会员生日跟进。会员过生日是客情推进的重中之重,通过问候和会员生日特惠等方式来体现药店对他(她)的尊重。一声问候、一个祝福,换来的可能是无限的销售机会,会员可能会因你的一个电话而成为你的忠实顾客。

(3)活动电话通知。重大节日、店庆、促销时首先要想到会员,从意识上关心、理解会员,用真诚、真情沟通,使会员感觉店员像老朋友一样,才会经常地光顾,忠诚度自然也就更高些。

在与会员电话沟通时,要想效果好,就要注意细节,沟通中的细节处理对会员的维护作用举足轻重。以电话回访的时间为例,打电话应在上午11～12点或下午4～5点最好,因为这个时间段工作通常不会太繁忙,打电话时应该注意语气,在礼貌的同时保持一种亲切感。同时,回访的时间不应太长,掌握在3分钟内即可,最后还要做好回访记录。

3. 短信跟进

短信跟进因为跟进方式快速而全面,通过短信群发可以让众多会员在同一时间段都接收到信息,节约沟通的时间,提高效率,因而短信跟进是会员跟进的一个好方法。短信跟进主要体现在定期的问候短信、天气变化的关心短信、节日问候短信、生日祝福短信、活动通知短信、健康保健知识短信等。

4. 店外活动跟进

店外活动通常包括店外促销活动、会员联谊会、专业培训讲座、会员俱乐部集体活动(如春游)等,店外活动可以将会员聚集在一起,感受会员团队的凝聚力,通过会员间的相互影响而提升会员的参与度与忠诚度,这使会员享受到产品之外的高附加值。经常举办这样的聚会,效果很好,通过各种活动可将会员凝聚在药店,忠诚度高了,影响力大了,销售额自然也就会水涨船高。

药店的会员跟进服务,方法可以灵活组合,只要能给到会员更多的服务,就能真正打动会员。但有一点值得注意,那就是在跟进的时候,要根据顾客的意愿,讲究技巧,尽量不要打扰会员顾客的正常生活,否则引起他们的反感,会适得其反。

第四节 直播营销

如今,新零售背景下的新风口——直播带货,成为了当下热点。直播作为一种新的营销方法,可以说是实体零售将私域流量变现的一种行之有效的形式;反之,私域流量也为直播带来了巨大的顾客群体。

一、药店直播的好处

直播带货的兴起,吸引不少零售药店入场,而且很多大型连锁药店的直播带货"战绩"也相当出众。

比如,漱玉平民大药房西洋参直播销量一千多万,老百姓大药房三宝粉直播单日销售额突破五百万,一心堂大药房三七品类直播全渠道单日销量四千多万,一场直播下来可以带货百万甚至千万级。

直播对药店人、货、场的重构日益凸显,它打破了时间和空间的限制,让消费半径从线下的三五百米延展到全国范围,获客能力大大提升,对商品和消费场景的升级给顾客带来更好的消费体验,从而留住更多的消费者,如此形成正向循环。

具体来说,直播对药店可带来图2-6所示的好处。

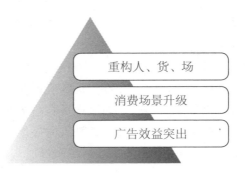

图2-6 直播对药店的好处

1.重构人、货、场

直播已经渗透到人们生活的方方面面,医药行业直播带货也在"618""双11"等节日屡创新高,一个直播号就可能实现一个店铺一个月甚至一年的销售额,可见直播正在深刻地影响着药店行业,并以独特的方式对药店的人、货、场进行重构。

"人"包括卖货的人和受众,"货"涵盖"人带货"与"货带人"。

(1)"人带货"。"人带货"主要是利用头部主播,无论什么货都能带得动,哪怕之前是寂寂无闻的商品，到他们的直播间立刻就是爆点；"货带人"的主播可能声量不足，这时可以给他们带一些知名品牌和知名商品。

无论是上游工业还是零售终端，都可以采用"人带货"的模式，邀请知名的主播开展直播带货，打开局面。用流量明星，可以给品牌带来势能，通过知名的、带货能力强的主播直播，亦能有效降低其他方面的成本。蹭主播的流量，把直播的粉丝沉淀到自有流量中，实现"社群私域运营+直播小程序互动"的闭环。

（2）"货带人"。在"货带人"的层面，药店不妨选取知名度高的品牌药，以一线品牌的一线产品带动直播人气和销量。一个好的品牌、一个好的产品，才能助力顾客价值倍增，新思维、新营销，工商携手，才能够赋能。

比如，2020年11月份，健民药业和海王星辰做了大V直播的活动，直播当天销售增长两倍，直播后同比日均量增长36%。活动前期海王星辰线下门店预热和产品陈列、曝光提示，加上媒体广告的投放，以及双方的企业公众号大量推介引流，聘请知名专家和主持人，直播当天观看人次达到80万，实现了边看边买，为连锁药房实现了引流。

2. 消费场景升级

"场"，一方面是平台，如抖音、快手、淘宝、京东、拼多多、微信小程序等；另一个含义，就是消费场景，在直播当中一定要给粉丝建立消费场景、消费观念，营造故事融入产品的灵魂。

医药行业要选择适合自己的直播平台，必须在国家允许范围内去销售。现在抖音、快手，器械类可以进白名单，但不允许卖医药类产品；拼多多在垂直领域，包括服装、珠宝、保健市场带货能力很强，如康恩贝在拼多多销货能力很强；淘宝的阿里健康，可以帮助药类或医疗器械在阿里系开官方旗舰店，如鱼跃的淘宝旗舰店有120万粉丝，一个小时可以卖出1.5亿元；京东有健康版块，支持药品、保健品，可以开设京东旗舰店。

在直播场景中，可以借助专家的力量，为药店引流。现下不少专家也在各大直播平台开设了自己的直播账号，他们的受众是精准的"养生粉、保健粉、医疗粉"，带货能力较强。

3. 广告效益突出

直播带货还有一个很重要的功能，也就是广告。电商直播的广告效益和品牌传播，与销售额同等重要。

以传统的方式去"砸广告"只有单向输出，而直播在广告的同时是有进项的。

比如，零售价200万元货值的商品，成本价在80万元，请一个头部主播的坑位费为10万元、佣金10万元。那么将零售价200万元的商品按5折出售，可收回100万元。一场直播下来，虽然这场没赚钱，但也没有赔钱。同时这个头部主播的1000万粉丝或800万粉丝也已经间接转化成企业的粉丝了，这对于品牌已经完成了一轮营销过程。在销售了货，清了库存的同时，另一方面还收益了广告。

所有直播都是量变到质变的过程，不可能第一天就爆发，它一定是在过程中不断累积粉丝，最终通过广告效应去爆发。

开店秘诀

"直播+"时代的到来，重构了人们的消费模式、消费场景、消费习惯，随着内容流量与商业流量的合并，其商业生态会越来越成熟。直播加上医药行业，有无限可能。

二、药店直播的模式

消费者在哪儿，商家就在哪儿，面对直播大趋势，零售药店把握时机尝试入场，在私域流量建设日渐觉醒的当下，不但一把手亲自抓，与多种第三方公域平台加深合作，加大流量入口，而且还积极自建小程序做直播，加强私域流量建设。

目前，医药零售业实践直播大概有两种类型，即直播健康讲座和直播带货，前者负责宣传、"种草"，后者负责带货、销售，两者相辅相成、相互转化，是药店做直播的必备内容。

1. 直播健康讲座

直播健康讲座，即邀请专家资源对消费者进行权威的专业知识科普和推广。健康讲座隶属于服务范畴，虽然教育的目的是引导消费，但不应将健康讲座的初衷放在卖货上，更多的是专业化的"种草"，增加顾客的黏性，指导顾客合理用药，扩大品牌宣传的同时，提升顾客对药店的品牌信任度，最终实现引流和转化。

要知道，"种草"有很多种方法，其中，直播"种草"更容易引起围观，一个门店做，所有门店的顾客都可以关注和转发，相较于以往线下的讲座，不但辐射人数多、效率高，而且可以分课程，针对不同的顾客种类，设置不同的直播内容，让每个顾客都能找到一个类群，产生归属感。

直播"种草"是带货的前提和基础，其核心是建立信任，宣传的过程即是建立信任的过程，而健康讲座直播是当前药店重构信任的最好方式。

2. 直播带货

直播带货，与以往的卖货所站角度有所不同，直播带货的主播与消费者的关系是"我帮你买"，即站在顾客的角度帮其买东西。在直播种草获得信任后，消费者更愿意相信主播与自己站在同一战线，能够为大家提供更低的折扣和更多的优惠。

三、药店直播的要素

做直播必须要具备多点基本要素，即有顾客、有商品、有人卖，此外，还需要工具、平台、物流、资源等，总结起来就是资源和技能。而每次直播前更需要各部门配合、耗时去做精心准备，包括前期的宣传、主播的培训、品类的选择、直播内容的确定、卖点的提炼、主播卖货的脚本准备、直播现场彩排演练等。

1. 社群搭建与营销

直播需要有顾客流量去围观，社群的搭建与营销是直播成功的基础和前提，直播是社群粉丝累积的工具，两者互为导流。而社群搭建的两个核心要素是，基于企业微信提供服务和具备导购能力的店员，以及可以利用CRM（客户关系管理系统）对其进行精准画像、触达和精准服务的消费者，尤其是转化成了健康顾问和导购、实现线上化的店员，因为他们是拉新和服务的主力。

直播第一步就是把社群做起来。企业微信是与微信用户打通的最佳私域运营工具平台，店员是企业品牌与消费者建立联系的纽带，通过企业微信能够将药店会员组织起来建成微信社群，并进行顾客管理和服务。

比如，提供远程问诊和用药咨询、慢病管理、会员权益管理、为精准会员推送相应活动消息等，与消费者有机会建立起有温度的客情关系，获得顾客信任。

此时，当药店直播上线，通过自媒体、微博、短视频等媒体无缝隙宣传，和全员朋友圈转发、社群内信息的链接与传播、转介绍引流，以及定向精准投放触达、邀请他们观看直播，那么围观人数和成交量都不会低；而药师、店员面向消费者、社区消费人群、社群所做的有温度的直播，通过加主播微信、门店提货等方式来获得赠品、奖品，也会反过来将顾客导流到药店社群，进一步加深联系，且转化率非常高。

2. 借力厂家与异业

医药圈最早一批做直播的是上游厂家，当下药店做直播属于初始阶段，因此，大多还是借助厂家资源，尤其是品牌厂家和自带流量卡的商品厂商，资源包括主播人员、选品和宣传、直播间、流量等。

厂家做的直播能够帮助药店销售，国内很多连锁药店都在参与，通常的模式是厂家提供主播、直播间等资源，药店负责转发和宣传，最终业绩归到药店。这种模式对于厂家来说要比药店的效率更高、产值更大，因为以往厂家做广告面对的是广大群众，现在直播面对的则是药店里的老顾客，成本很低，所以积极性很高。

比如，九芝堂帮助连锁药店进行选品和宣传，聘请当地有影响力且专业的直播老师为连锁店的主播和运营人员进行专项培训，厂家主播与连锁店主播同步直播以更好地做引导；福牌阿胶为连锁药店提供直播人员以及庞大而又精准的直播间流量。

3. 直播平台选择

目前企业做直播大多是利用第三方公域平台，围绕流量吸引和流量变现，通过花钱买流量。目前提供直播服务的第三方平台包括：美团、饿了么等O2O平台；拼多多、京东和淘宝、小红书等电商平台；抖音、快手等短视频平台。现在的直播平台，只要允许药店直播的，一定要全部进驻和铺开，争取最大限度地获取流量。

目前医药行业做直播更多的还是选择用腾讯系的微信做，比如小程序直播。因为一方面企业可以无缝、快速地对接原本商城上的用户，对私域流量进行深度整合，且能够支持单账户、多时间段、多场次共同开播；另一方面，消费者依然能够在熟悉的渠道购物，消费体验更佳。

然而，医药行业做直播仍有很多限制和一些需要注意的地方。《药品广告法》第十九条规定，"广播电台、电视台、报刊音像出版单位、互联网信息服务提供者不得以介绍健康、养生知识等形式变相发布医疗、药品、医疗器械、保健食品广告。"即一些药品不能直接通过网络变相宣传销售，尤其是处方药不能促销，但可以做健康讲座、用药分享等，通过直播"种草"的形式，教育顾客、建立信任度。因此，网络售药必须要有互联网售药资质，这便导致了不同平台直播的不同特点。

开店秘诀

> 大多数平台允许直播的品类都是非药品，药店在入驻之前需要提前了解平台的属性和规则，比如禁止播的品类或敏感词、违反广告法律法规的行为等。

4. 商品选择

除获取社群流量，做好直播的另一个重要因素是商品的选择。直播最大的好处是除了不能卖的部分药品,其他的都可以卖,能够脱离门店的商品经营限制,是药店实现多元化的重要途径。

那么直播到底应该如何选择商品呢?直播商品一定要具有吸引力,直播间商品结构中的引流品,至少要做成秒杀,让人觉得买了很值得。

从品类的角度讲,保健食品、中药饮片、中成药、医疗器械、药食同源产品都可以选择。

从顾客对商品的认知度来讲,当然是认知度高的产品通过直播和促销更容易拉动销量,比如汤臣倍健的健力多、康美的三七粉已经是众所周知的产品和品牌,只要在直播中给予大力促销,就能够产生销量。但是从本质来讲,这种直播带来的销量大部分是抢占线下的销量。

对于顾客认知度比较低的产品,如果试图通过直播产生销售是需要认真遴选的。首先要选择市场容量大的,其次客单价不能太低,直播运营成本很高,这种产品的转化率不高,所以就需要高客单价来确保每场直播不亏损。

5. 主播的选择与培养

"有人卖"是直播变现的另一重要环节,网上销量很大程度取决于主播的带货能力,因此,主播的选择和培养尤为重要。

现在的营销逐步进入到了关系营销或圈子营销,有些直播之所以可以带货,很大程度上与主播自身的粉丝有关,这些粉丝就是一个圈子,他们有共同崇拜或者欣赏的人,因为这个关系而产生了营销。因此,药店需要考虑培养自己的IP,打造自己的流量明星,其实药店里不乏这种很受患者信任的药师,只是在传统模式上仅限于某个店或者某个区域,但通过互联网的粉丝裂变,可以让这些明星药师成为企业的专业品牌代言人。

 相关链接

药店如何培养主播

成功的直播需要给力的主播,好的直播代言人可以帮助企业在新赛道抢得先机,因此主播的选择、培养和打造对于药店的直播至关重要。

1. 主播的选用

目前,大多数药店都没有专职的主播,一般是由内部讲师、执业药师、店长店员、电商工作人员等兼任,以及借助上游供应商的主播资源。

比如，养天和大药房股份有限公司的主播主要从总部和门店选拔，鼓励员工自主报名，并通过动员会告知直播人员的晋升晋级、公司的培养计划等。这些人一方面来自加盟商，部分加盟商对新零售板块研究较多，比较精通社群管理，具备这一特质是有潜力做主播的；另一方面，总部的一些运营经理、市场经理对产品知识、品类宣传、市场营销等较为熟悉，也可以尝试做主播。

养天和把主播分为两种类型，一种是专业型主播，即给观众讲解专业的疾病知识、健康科普知识；一种是带货型主播，主要给顾客"种草"产品并销售产品。主播薪酬也分为相应的两大类：第一，专业类主播按场次计算课时费，比如一小时有80元补贴，每月根据月度计划结合场次排期兑现结算；第二，带货类主播涉及商品带货，根据带货的金额结算，给主播和整个团队一定的提成。

又如，湖南九芝堂零售连锁有限公司选主播时要考虑形象好气质佳、端庄大方、谈吐清晰、表达能力好、控场能力强的人，兼职主播考核的主要是流量、成交率、成交额等。

再如，湖南怀仁大健康产业发展有限公司挑选主播时还需要专业能力强、有说服力、接地气，能说会道、敢想敢说、语言通俗易懂。

2. 主播的培育

优秀的主播需要反复磨炼和有针对性、计划性的培养，通过不断学习、演练、实操，才能实现个人的提升、沉淀、升华。

比如，在主播的孵化过程中，养天和大药房采取线上线下相结合的方式，借助有成熟直播经验的上游工业，以及第三方新零售主播培训机构资源进行培训。合作培养主播包括以下内容：第一，结合主播形象"立人设"，根据其形象定位孵化成IP，挖掘主播特征，规划其发展方向，比如确定属于专业性主播还是带货性主播等；第二，针对不同直播平台的操作方法、技巧、流程，对主播进行有针对性的锻炼和实战。一般而言，线下课程内容包括直播运营、主播形象打造、带货技巧等，涵盖产品卖点提炼、直播话术运用、直播间互动技巧、直播引流策略等系列内容。第三方培训机构更多的是传授基础的、通用的知识，如直播的技巧、形象的展示、直播间的打造、台词脚本撰写等。当然，只有理论还不够，必须要与实践相结合。课程结束后，一定要独立实操，因为面对直播镜头直播和线下讲是两码事,很多操作看似很简单,真正要上手还有一个适应的过程。课程结束后,会安排实战训练,要求听课者自己录视频,在抖音、快手等平台发布及传播。同时,公司也会布置线上任务,如给出一个模块,做某个保健品的直播,要求重点以此产品去做视频剪辑,大约给两个月的时间。线下PK由公司层面统一组织,比如有厂家赞助的直播就是很好的实战机会,可以把自己培养的主播放到直播间去锻炼。

再如,九芝堂主要通过三种途径培养主播,一是公司组织直播人员参加当地主播培养基地的线上课程学习,二是与厂家合作开展相关培训,三是鼓励兼职主播自我学习、自我提升。

6. 内容设计

让直播常态化,就需要固定的节奏以及有效产出内容,这对内容设计、主播导播能力、品牌合作、底层系统等要求都非常高。其中,直播内容至关重要,带货是目的,但过程也很重要。

直播内容的设计,药店可以根据季节变化、顾客需求、公司节庆等每期设置不同的主题去推广。

比如,春季防上火专题,主推黑木耳、凉茶、胖大海、菊花等产品;春季女性滋补专题,主推银耳、大枣等;女性美白专题,主推美白产品、面膜、喷雾等;春节出游专题,主推喷雾、面膜、防晒、冰王等;防疫物资专题,教大家如何正确选择和使用口罩;药房周年活动专题,折扣销售且设置关注有礼品、发送红包口令送礼物等环节。

另外,直播的内容要根据产品来确定。内容的设计离不开"晓之以理,动之以情,诱之以利"这个原则。内容的表达形式既可以是深入浅出的讲解,也可以是访谈的方式,如果有场景展示效果会更好。

比如,广盛原在直播过程中向顾客展示了北芪片的原料正北芪的正宗产地——恒山,彰显了其企业文化中"取材务求地道"的制药观。

7. 直播时间及购买途径的选择

针对还没养成互联网购药习惯的中老年人,直播时间可以选择上午9:00~10:00,看完直播(广告)就可以去就近门店购买。针对中青年顾客的直播可以选择晚上8:00,通过链接直接进入企业微信商城下单购买。

> **开店秘诀**
>
> 针对中老年顾客带货直播最好的方式,是通过直播间完成信息触达,促进顾客到门店产生购买。

第五节 服务营销

零售的本质即服务,唯有专业优质的服务,才能让顾客满意,甚至是超出顾客的期望,获得认可,获得发展。

一、营业前的准备

销售专家总结说:"销售是90%的准备加10%的推荐。"因此,在营业前做好准备是销售必不可少且不可忽视的一项工作。

1. 营业员个人的准备

营业员在个人方面的准备包括图2-7所示的3个方面。

图2-7 营业前营业员个人的准备

(1)要保持整洁的仪表。营业员的仪表包括他(她)的容貌、服饰着装、姿态和举止风度,营业员的仪表如何决定了他给顾客的第一印象如何,而这一印象又决定了顾客的购买行为。一个优秀的营业员会保持整洁美观的容貌,穿着新颖大方,表现出稳重高雅的言谈举止,他的仪表能够感染顾客,让他们产生购买的欲望。

保持整洁的仪表要做到图2-8所示的3个方面。

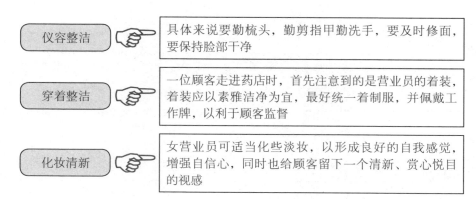

图2-8　保持整洁的仪表

（2）要保持旺盛的精力。现实生活中，我们经常会碰到营业员把顾客当成出气筒的事，这极大地伤害了顾客，反过来也有损于药店的利益。营业员在上班时间，一定要有饱满的热情、充沛的精力，切不可无精打采、萎靡不振，也不能怒火中烧，咬牙切齿。这就要求营业员在上岗前必须调整自己的情绪，始终保持一个乐观、向上、积极、愉快的心理状态。

一位顾客感冒了，她想买药。到了一家大药店中希望营业员给介绍一下，不料营业员对她态度十分冷淡，这时该营业组的负责人走过来解释，说是这位营业员刚刚离了婚，心情不稳，希望她谅解，但顾客还是十分气愤。

一个优秀的营业员必须牢记：顾客不是出气筒，不能在顾客身上撒气；宁可我自己调整心情，也不能让顾客来适应我。

（3）要养成大方的举止。每个顾客都会有这样的感受，如果走进一个药店里，营业员言谈清晰、举止大方得体、态度热情持重、动作干脆利落，顾客心里就会感到亲切、愉快、轻松、舒适；反之，如果营业员举止轻浮、言谈粗俗、动作拖沓、心不在焉，顾客心理就会厌烦。

顾客的需要就是营业员的必要，顾客的满意就是药店的财富。

2. 销售方面的准备

顾客到一个店里，主要不是来享受营业员的服务，而是来购买药品的，所以营业员不但要做好个人方面的准备，更重要的是要做好销售方面的准备。销售方面的准备是做好一天营业的基础。

如果销售方面准备工作做得到位，就能保证营业时忙而不乱，提高效率，减少顾客的等待时间，避免差错和事故。销售方面的准备主要包括图2-9所示的4个方面。

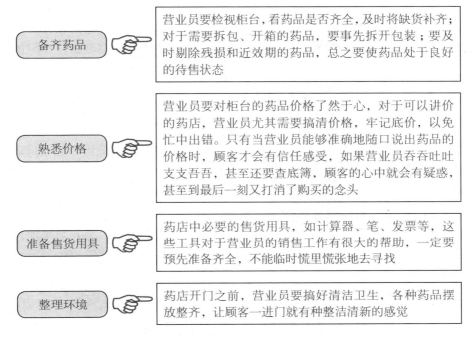

图 2-9　销售方面的准备工作

二、营业中的服务

接待顾客是一门很深奥、很微妙的学问，不一定人人都学得来。一般来说，药店销售的服务步骤可以细分为图2-10所示的10个步骤。

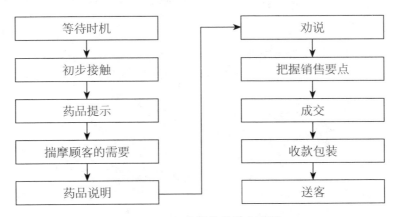

图 2-10　门店销售的基本步骤

1. 等待时机

当顾客还没有上门之前,营业员应当耐心地等待时机。在待机阶段里,营业员要随时做好迎接顾客的准备,不能松松垮垮、无精打采。营业员要保持良好的精神面貌,要坚守在自己的固定位置,不能擅离岗位四处游走,不能交头接耳、聊天闲扯。

2. 初步接触

顾客进店之后,营业员可以一边和顾客寒暄,一边和顾客接近,这一行动称之为"初步接触"。

营销专家认为:"初步接触的成功是销售工作成功的一半。"但初步接触,难就难在选择恰当时机,不让顾客觉得过于突兀。

从顾客的心理来说,当他处于兴趣阶段与联想阶段之间时,最容易接纳营业员的初步接触行为,而在注视阶段接触会使顾客产生戒备心理,在欲望阶段接触又会使顾客感觉受到了冷落。

图2-11所示的5个时刻是营业员与顾客进行初步接触的最佳时机。

图2-11 营业员与顾客初步接触的最佳时机

把握好以上5个时机后,优秀的营业员一般会以图2-12所示的3种方式实现与顾客的初步接触。

图2-12 与顾客初步接触

3. 药品提示

所谓"药品提示",就是想办法让顾客了解药品的详细说明。

药品提示要对应于顾客购买心理过程之中的联想阶段与欲望阶段之间。药品提示不但要让顾客把药品看清楚,还要让他产生相关的联想力。

优秀的营业员在做药品提示时一般会采用图2-13所示的方法。

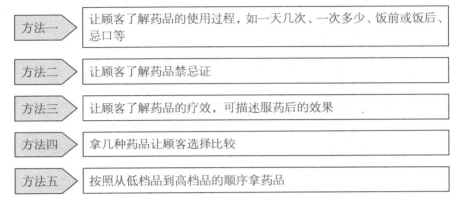

图2-13　药品提示时采用的方法

4. 揣摩顾客的需要

不同的顾客有着不同的购买动机,其需求是不同的,所以营业员要善于揣摩顾客的需要,明确顾客究竟要买什么样的药品、治疗什么病,这样才能向顾客推荐最合适的药品,帮助顾客做出最明智的选择。

优秀的营业员一般用如图2-14所示的4种方法来揣摩顾客的需要。

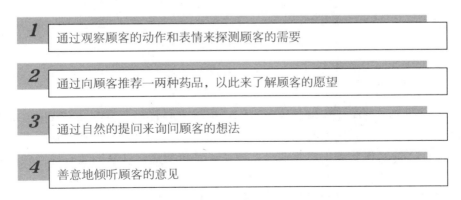

图2-14　揣摩顾客的需要

开店秘诀

"揣摩顾客需要"与"药品提示"结合起来,两个步骤交替进行,不应把它们割裂开来。

5. 药品说明

顾客在产生了购买欲望之后,并不能立即决定购买,还必须进行比较、权衡,直到对药品充分信赖之后,才会购买,在这个过程之中,营业员就必须做好药品的专业说明工作。

药品说明即营业员向顾客介绍药品的疗效,这就要求营业员对于自己店里的药品有充分了解,同时还要注意的是,药品说明并不是在给顾客开药品知识讲座,药品说明必须有针对性,要针对顾客的疑虑进行澄清说明,要针对顾客的兴趣点进行强化说明,一定要在不失专业知识的前提下,用语尽量通俗易懂。

6. 劝说

顾客在听了营业员的相关讲解之后,就开始做出决策了,这时营业员要把握机会,及时游说达成购买,这一步骤称为"劝说"。

一名优秀的营业员劝说应有图2-15所示的5个特点。

图2-15 劝说应具有的特点

7. 把握销售要点

一位顾客对于药品往往会有较多需求,但其中必有一个需求是主要的,而能否满足这个主要需求是促使顾客购买的最重要因素。我们把这些最能导致顾客购买的药品特性称之为销售要点,当营业员把握住了销售要点,并有的放矢地向顾客推荐药品时,交易是最易于完成的。

一名优秀的营业员在做销售要点的说明时,一般会注意到以下5个要点,如图2-16所示。

技巧一	利用"5W1H"原则,明确顾客购买药品时是要由何人使用(Who)、在何处使用(Where)、在什么时候用(When)、想要怎样用(What)、为什么必须用(Why)以及如何去使用(How)
技巧二	说明要点要言词简短
技巧三	能形象、具体地表现药品的特性
技巧四	针对顾客提出的病症进行说明
技巧五	按顾客的询问进行说明

图2-16 销售要点说明的技巧

8. 成交

顾客在对药品和营业员产生了信赖之后,就会决定采取购买行动。但有的顾客还会残存一丝疑虑,又不好明着向营业员说,这就需要营业员做进一步的说明和服务工作,这一步骤称为"成交"。

当出现图2-17所示的8种情况时,成交的时机就出现了。

- 顾客突然不再发问了
- 顾客的话题集中在某个药品上时
- 顾客不讲话而若有所思时
- 顾客不断点头时
- 顾客开始注意价钱时
- 顾客开始询问购买数量时
- 顾客关心售后服务问题时
- 顾客不断反复地问同一个问题时

图2-17 成交的时机

在以上这些成交时机出现时,营业员为了促进及早成交,一般应采用图2-18所示的4种方法。

1	不要给顾客再看新的药品了
2	缩小药品选择的范围
3	帮助确定顾客所要的药品
4	对顾客想买的药品作一些简要的说明,促使其下定决心

图2-18 促进成交的技巧

在这一过程中，营业员千万不能用粗暴、生硬的语言去催促顾客。

比如"怎么样，您到底买还是不买？""您老磨蹭什么，没看我这儿顾客多着吗？"

9. 收款和包装

顾客决定购买后，营业员就要进行收款和包装。在收款时，营业员必须唱收唱付，清楚准确，以免双方出现不愉快。

一名优秀的营业员在收款时要做到图2-19所示的5条要求。

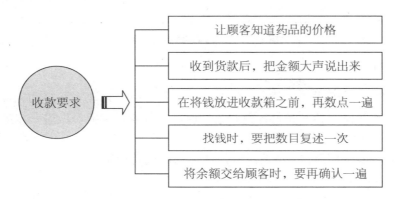

图2-19　收款要求

收款结束后，接下来是药品包装，对于包装药品要注意图2-20所示的3点。

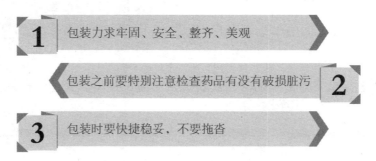

图2-20　药品包装的要求

10. 送客

包装完毕后，营业员应将药品双手递给客人，并怀着感激的心情向顾客道谢，并欢迎他下次再来。另外要注意留心顾客是否落下了什么物品，如果有，要及时提醒。

 相关链接

十大营业服务技巧

一、微笑服务技巧

微笑在人的生活中十分重要，它是滋润我们心田的阳光雨露，微笑是营业员的看家本领，须臾不可离身。世界旅店业巨子希尔顿说："我宁愿住进虽然只有残旧地毯，却能处处见到微笑的旅店，却不愿走进一家只有一流设备，却不见微笑的宾馆！"

营业员的微笑必须是发自内心的，不能皮笑肉不笑。要发出会心的微笑就要求营业员必须心胸宽阔、感激生活，通过微笑，营业员能实现与顾客的情感沟通，使顾客感受到温情。

二、讲究语言艺术

"温语慰心三冬暖，恶语伤人七月寒"。语言是最容易拨动人心弦的，也是最容易伤透人心的。营业员主要靠语言与顾客沟通、交流，他们的语句是否热情、礼貌、准确、得体，直接影响到购买行为，并影响顾客对药店的印象。

一名优秀的营业员讲出的话，必须具有以下8个特点。

（1）语言有逻辑性，层次清楚，表达明白。

（2）话语突出重点和要点，不需无谓的铺垫。

（3）不讲多余的话，不啰唆。

（4）不夸大其词，不吹牛诓骗。

（5）不污辱、挖苦、讽刺顾客。

（6）不与顾客发生争论。

（7）营业员讲出的话应因人而异。

（8）不使用粗陋的话语，不胡言乱语。

同时，一名优秀的营业员的话语还要体现以下5种技巧。

（1）避免使用命令式，多用请求式。

（2）少用否定句，多用肯定句。

（3）多用先贬后褒的方法。

（4）言词生动，语气委婉。

（5）要配合适当的表情和动作。

三、注意电话礼貌

现在好多地方开通了电话送药服务。有的顾客为了省时省力,喜欢用电话直接与药店联系,有的是订货,有的是了解药品的信息,也有电话投诉的。如果接电话的营业员一问三不知,或敷衍了事,甚至极不耐烦,这会极大损害药店的信誉。

优秀的营业员接电话时,会注意以下10点。

(1)充分做好打电话的准备。

(2)接通电话后,要先自报姓名。

(3)确定对方就是所要找的人,确认身份后,再谈正事。

(4)通话时应简洁明了。

(5)把对方的话记在纸上。

(6)重点再重述一遍,挂断电话前注意礼节,别忘了向顾客致谢。

(7)自己做不了主时,要请对方稍后,问明白了再做答复。

(8)接到找人的电话要迅速转给被找者,他不在时应向通话人解释,并尽量留言。

(9)对方语音太小时要礼貌地直接告知。

(10)需要对方等待时,须向对方说:"对不起,请您稍等一下。"如有可能最好说出让他等待的理由。

四、熟悉接待技巧

一名营业员每天要接待各种各样的顾客,能否让他们高兴而来,满意而去,关键就是要采用灵活多样的接待技巧,以满足顾客的不同需要。

(1)接待新上门的顾客要注重礼貌,以求留下好的印象。

(2)接待熟悉的老顾客要突出热情,要使他有如逢挚友的感觉。

(3)接待性子急或有急事的顾客,要注意快捷,不要让他因购买药品而误事。

(4)接待精明的顾客,要有耐心,不要显出厌烦。

(5)接待女性顾客,要注重推荐新的药品,满足她们求新的心态。

(6)接待老年顾客,要注意方便和实用,要让他们感到公道、实在。

(7)接待需要参谋的顾客,要当好他们的参谋,不要推诿。

（8）接待自有主张的顾客，要让其自由挑选，不要去打扰他。

五、掌握展示技巧

展示药品能够使顾客看清药品的特点，减少顾客的挑选时间。

对于OTC药品或保健品及保健食品类可以用开架式来展示。营业员在做商业展示时，一定要尽量吸引顾客的感官，要通过刺激顾客的视觉、听觉、触觉、嗅觉来激发他的购买欲望。

六、精通说服技巧

顾客在购买药品时其心理并不是一成不变的，只有营业员能给出充足的理由让他对一种药品产生信赖，他是会认同营业员的劝说，并作出购买决定的。据调查，这种听从营业员劝说的顾客高达74%。

一般说来，只要在顾客对药品提出询问和异议的情况下，才需要营业员对他进行说服和劝导，在顾客对营业员推荐的药品提出异议时，营业员必须回答他的异议，并加以解释和说明，这个过程，实质上就是说服过程。

一名优秀的营业员必须牢记，只要顾客还在不断地提出问题和异议，他仍旧还存在购买的兴趣，就要对他们进行劝说。

七、熟练掌握计算技巧

营业员如果不会计算收钱，就如同汽车司机不会刹车一样的危险。但是"懂"和"通"是两个不同的概念。如果营业员的计算技术不过硬，计算起来又慢又拖拉还出差错，那就会造成售货效率不高，也使顾客不满。营业员应当熟练掌握计算技巧，顺利地运用珠算、心算和计算器，准确、快速地完成结款工作，在计算问题上没有多少捷径好走，熟能生巧，唯有通过不懈练习，才能学会一手高超的计算技术。

八、创新包装技巧

药品的包装要牢固、安全。如果一位顾客花了钱买的中草药因为包装带断了而摔得粉碎，那他一定会非常不痛快。

一名优秀的营业员在进行药品包装时会注意到以下4点。

（1）包装速度要快，包装质量要好，包出来的东西要安全、美观、方便。

（2）在包装药品之前，要当着顾客的面，检查药品的质量和数量，看清有没有残损和缺少，以免包错，让顾客放心。

（3）在包装时注意要保护药品，要防止碰坏和串染。

（4）包装操作要规范。

营业员在包装过程中要遵从四不准。

（1）不准边聊天边包装。

（2）不准出现漏包、松捆或以破损、污秽的包装物包装药品。

（3）不准单手把包好的药品递给顾客。

（4）不准把找退的钱放在药品上递还顾客。

九、拥有必备的专业知识

有的营业员连自己卖的药品的名也叫不出来，这种情况并不在少数。既然自己也叫不上名来，他又怎么可能去说服顾客呢。

营业员不能光有微笑的面孔，还必须学习各种医药专业知识和服务知识，要做到"卖什么，就学什么，就懂什么"，当好顾客的参谋和帮手。

一名优秀的营业员必须了解以下4个方面关于药品的知识。

（1）药品的名称、生产厂家和产地。

（2）药品的成分、药理及药代动力学。

（3）药品的使用方法。

（4）药品的售后服务的承诺。

但是，"人非生而知之者"，营业员天生脑子里不会有这些知识的，那么，他们要通过何种途径来了解这些知识呢？一般说来，营业员可以通过以下6个途径了解到上述关于药品的知识。

（1）通过药品本身的包装、说明书来学习。

（2）向有经验的营业员学习。

（3）向懂行的顾客学习。

（4）向生产厂家、批发商学习。

（5）从自身的经验中学习。

（6）通过报纸、专业杂志等出版物学习。

十、搞好退换服务

现在的药店在一定的原则下，一般都视具体情况允许退货换药，实际上真正无故退换的顾客并不多，相反退换的存在使得顾客增加了购买信心，对于提高药店信誉,吸引顾客上门有很大的作用。

在退换的服务中,营业员应当做到以下4点。

(1)端正认识,深刻体会处理好顾客退换业务是体现药店诚意的最好途径。要意识到顾客的信赖,是千金不换的财富。

(2)要以爱心去对待顾客,不能怕麻烦,不能推诿,要急顾客之所急,迅速帮顾客处理好退换。

(3)在退赔过程中,要向顾客诚心地道歉,并保证不发生类似事情。

(4)要对其他顾客负责。如果在一段时期内,同一药品有数起顾客退换事件发生,就证明药品质量明显有问题,营业员必须停止销售,并通知顾客退换。

三、差异化服务

从本质上来讲,零售药店提供的服务,其实也是一种产品,可称之为服务产品。服务产品包括核心服务、便利服务和辅助或支持服务,这些服务都有助于差异化营销策略的实现。如图2-21所示。

图2-21 服务产品的范畴

真正的服务,精髓往往在于独创和差异,从严格意义上说,它是产品的重要组成部分。利用服务制造产品的差异化,其优势就在于服务质量无止境。因此,药店欲赢得先机,规避竞争,可从图2-22所示的5个方面入手。

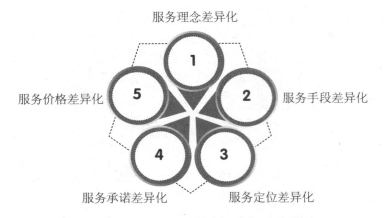

图 2-22　差异化服务的措施

1. 服务理念差异化

药店要站稳脚跟，首先必须创新经营理念，包括服务宗旨、服务准则、服务规范等方面。药店不能单单作为一个销售窗口，还要努力成为品牌传播平台，要结合自身特征和匹配资源，从中彰显个性，凸显优势。

比如，有些药店倡导"爱心""诚心""耐心""细心""专心""用心"等服务理念，突出人文关怀和文化色彩，形成了自己的顾客圈。

2. 服务手段差异化

服务，基本上是无形的，但服务手段却能使无形的服务变为具体而有形，因此，服务手段就成为了营销差异化的极好载体。手段差异化的关键是管理创新，灵魂是文化创新。

比如，现在有些药店提出"CS顾客满意战略"，就是指药店为了使顾客满意自己的产品或服务，而综合、客观地测定顾客的满意程度，并以此来改善产品、服务及企业文化的一种经营战略，其核心内容就是服务与管理。

3. 服务定位差异化

服务定位差异化包括很多方面，诸如在服务对象、服务时间、服务内容、服务方式等方面制造差异。

比如，细分市场需求，建立顾客信息数据库，开展"一对一"营销，为买家提供个性化服务，包括为他们"量身定做"营养、保健建议等，通过感情接近法、需要接近法、重复接近法等营销手段，提升销售业绩。

4.服务承诺差异化

服务承诺差异化，是指零售药店通过产品退、换、送等方面的承诺来诱导、吸引消费群体，以令人放心的服务承诺制造差异。

比如，提出"不满意退货""当天包换"等，能较好地消除消费者购买商品后，针对商品不合适或有问题退货难的顾虑，往往能有效地打动消费者。

5.服务价格差异化

药品价格自是消费者关注的重要因素，但并不是唯一元素，不同的客群有不一样的需求，药店需要针对不同的会员提供差异化的服务。

对于购买能力较强的用户，不仅仅是希望享受药品服务，更多的是渴望增值服务，需要提供更专业的药事服务。

比如，会员积分兑换抵现，对于价格敏感型的客户而言，价格是其心中的第一需求，对这类型客户需要更多地利用价格方面的优惠。

做增值服务项目是提高会员黏性行之有效的办法，比如在门店提供健康检测、给会员发送用药提醒等。

比如，瑞澄大药房与第三方合作推出药品以旧换新的保险理赔活动，即投保者可以免费到门店更换过期药品。把这个服务提供给会员，他来门店找理赔，把过期药品换成好的药品，当然会产生黏性。

对于那种价格敏感型客户在提供类似服务的基础上，还要提升店堂的形象，营造舒适的购药环境，提升员工的专业度等。

第三章

药店药品管理

导言：药品是用来治病、防病，确保人民群众身体健康的一类特殊商品，药品质量的高低直接关乎到社会大众的身体健康甚至是生命安全，因此，药品经营企业必须要做好药品的经营质量管理工作。

思维导图

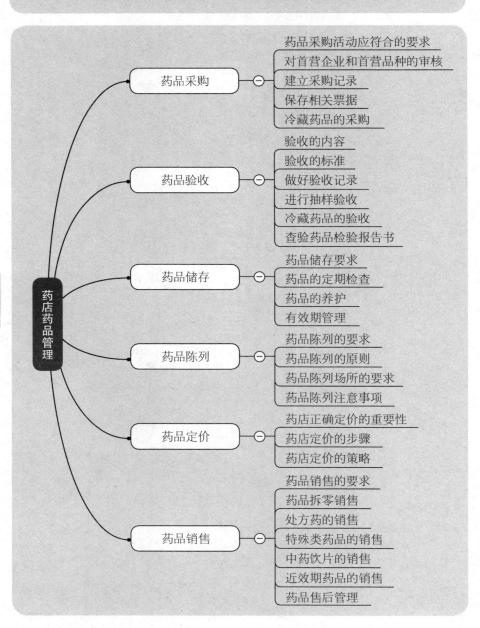

第一节 药品采购

采购是药店经营供应链的第一环,决定着药店经营环节的运行是否顺畅,具有十分重要的作用,药店经营者必须加以重视。

一、药品采购活动应符合的要求

药品经营企业的采购活动应当符合图3-1所示的要求。

图3-1 药品采购活动应符合的要求

1. 确定供货单位的合法资格

确定供货单位的合法资格,把质量作为选择药品和供货单位条件的首位,从具有合法证照的供货单位进货,严格执行"按需购进、择优选购、质量第一"的原则购进药品,并在购进药品时签订质量保证协议。

2. 确定所购入药品的合法性

确定所购入药品的合法性,认真审查供货单位的法定资格、经营范围和质量信誉等,确保从合法的企业购进符合规定要求和质量可靠的药品。

(1)所购进的药品是否在供货单位的生产或经营范围之内。

(2)所购进的药品是否在本公司的经营范围之内。

(3)所购进的药品是否是国家药品监督管理部门要求停止或暂停生产、销售和使用的药品。

3. 核实供货单位销售人员的合法资格

药品零售企业应当核实、留存供货单位销售人员以下资料。

（1）加盖供货单位公章原印章的销售人员身份证复印件。

（2）加盖供货单位公章原印章和法定代表人印章或者签名的授权书，授权书应当载明被授权人姓名、身份证号码，以及授权销售的品种、地域、期限。

（3）供货单位及供货品种相关资料。

4. 与供货单位签订质量保证协议

药品零售企业应与供货单位签订质量保证协议，明确双方质量责任，保证药品质量。其协议至少包括图3-2所示的内容。

图3-2　质量保证协议应包含的内容

二、对首营企业和首营品种的审核

首营企业是指采购药品时，与本药店首次发生供需关系的药品生产或者经营企业。首营品种是指本药店首次采购的药品。

采购中涉及的首营企业、首营品种，药品经营企业采购部门应当填写相关申请表格，经过质量管理部门和企业质量负责人的审核批准。必要时应当组织实地考察，对供货单位质量管理体系进行评价。

1. 对首营企业的审核

对首营企业的审核，药品经营企业应当查验加盖其公章原印章的以下资料，确认真实、有效。

（1）《药品生产许可证》或者《药品经营许可证》复印件。

（2）营业执照及其复印件，及上一年度企业年度报告公示情况。

（3）《药品生产质量管理规范》认证证书或者《药品经营质量管理规范》认证证书复印件。

（4）相关印章、随货同行单（票）样式。

（5）开户户名、开户银行及账号。

2.对首营药品的审核

采购首营品种应当审核药品的合法性，索取加盖供货单位公章原印章的药品生产或者进口批准证明文件复印件并予以审核，审核无误的方可采购。

三、建立采购记录

（1）采购员根据市场销售和需求预测结合库存情况，以药品质量作为重要依据，选择合格供货单位，并拟订采购计划，经企业负责人审核后生成采购订单。

（2）采购订单，应提供给财务部作为付款依据；提供给收货人员和验收人员作为收货及验收入库的依据。

（3）采购订单作为采购记录（电子记录），应记载药品的通用名称、剂型、规格、生产厂商、供货单位、数量、价格、购货日期等内容，采购中药饮片的还应标明产地。

（4）采购记录至少保存5年。

四、保存相关票据

（1）购进药品，应附随货同行单（票），随货同行单（票）应包括供货单位、生产厂商、药品的通用名称、剂型、规格、批号、数量、收货单位、收货地址、发货日期等内容，并加盖供货单位药品出库专用章原印章。如无单据或单据不符规定，应督促供应商尽快提供符合规定要求的单据，以免耽误验收入库。

（2）采购药品时，应当向供货单位索取发票。发票应当列明药品的通用名称、规格、单位、数量、单价、金额等，不能全部列明的，应当附《销售货物或者提供应税劳务清单》，并加盖供货单位发票专用章原印章，注明税票号码。凡未能提供发票的，不准购进。

（3）发票上的购、销单位名称及金额、品名应当与付款流向及金额、品名一致，并与财务账目内容相对应。

（4）发票按有关规定保存。

五、冷藏药品的采购

购进冷藏药品时，与供应商签订质量保证协议，要明确运输方式、保温包装、温度保证及运输责任等事宜。发货前，与供货单位沟通，保证采取正确有效的保温措施，明确到货时间。及时向药品储存人员、质量负责人传递到货信息并跟踪到货情况。

 **相关链接**

连锁药店采购模式分析

随着销量的增加、市场份额的扩大，药店经营成本的增加，零售药店行业的竞争将越来越激烈。如何在降低成本的同时，增强连锁药店竞争力，采购模式无疑是整个药店供应链中十分重要的一环。

1. 现有采购模式优缺点

模式一：从商业公司采购。

从商业公司处采购这一采购模式最为传统，也最为常见。由于连锁药店发展的不均衡性，销售额普遍不高，加之营销成本的考虑，很少有生产企业会与连锁药店直接开户合作，连锁药店为了保证销售品类的齐全，只有从商业公司进行一站式采购。该模式的优点在于保证了品类更加齐全，且由于商业公司一般都驻扎当地，配送力较强，连锁药店采购效率也会更高。

存在的问题：从商业处采购的最大问题是药品的购进价格已经包含配送费，无法保证价格优势，而且与生产企业接触也不是很紧密，生产企业提供的增值服务较少，加之现在生产企业对渠道控制比较严格，畅销产品的货源也得不到保障，断货现象经常出现。

模式二：从生产企业直接采购。

随着一部分大型连锁药店经过竞争、整合、并购后规模逐渐扩大，网络逐渐健全，销售额已经可以与一些商业公司相媲美，连锁药店的话语权开始增强，一些生产企业为了缩短供应链，开始与大型连锁药店直接开户合作。

从生产企业直接采购的优势是减少了中间的商业环节，节省了商业配送费,能够从生产企业拿到比商业公司更优惠的价格,从而增加利润率,而且与生产企业的直接交流,合作黏性增强,获得的增值服务会更多。

存在的问题:从生产企业采购的问题是,品牌产品企业由于销售量比较大,对资金要求比较严格,覆盖终端也较多,为节约人力成本,一般不愿意和连锁药店直接合作,与连锁药店直供的大多是中小企业,导致这种直采模式很难采购到品牌产品。

模式三:连锁药店联盟统一采购。

连锁药店联盟统一采购是近年较为流行的采购模式,一些连锁药店在掌握了局部终端资源后,为了进一步从生产企业获得资源,多家连锁药店会组成联盟,优势叠加,提高话语权,与生产企业进行谈判,目的是以更大的销售规模和更大的终端网络来获得生产厂家的独家规格产品和更低的价格,从而增加连锁药店的利润。

存在的问题:药店联盟采购的主要目的是以规模换价格,但是药店联盟存在的最大问题是管理比较松散,虽然网络比较广,销售基数也很大,但是在后期门店营销执行层面偏弱,无法给生产企业量的保证。如果没有量的保障,对生产企业其实是一种伤害,后期的采购与合作很难持续。

2. 采购模式选择建议

(1)缩短供应链,与生产企业采取直采模式。随着连锁的洗牌,连锁药店龙头企业逐渐形成,这些连锁药店特别是50强连锁药店的规模、终端、资金或将与一个大型商业公司相媲美,这些连锁药店要利用好自身优势,争取和生产企业直接合作,拿到更优惠的价格,并争取得到生产企业更多的增值服务。不过,一定要保障生产企业资金的及时性和销量的承诺,否则,这种模式很难持续。

(2)改变单纯以利润为中心的采购思维,重视产品力和销售潜力。以前连锁药店采购最大的问题是只盯着产品的毛利率或者毛利额,对一些销量较好但毛利较低的产品或普药具有很大的抵触情绪。其实,随着医药行业的发展,消费者理性消费习惯的养成,在以流量为王的互联网时代,如果连锁药店拒绝或阻碍这类消费者需要但利润较低产品的引流,将是连锁药店极大的损失。因此,连锁药店的采购思维必须改变,从重视利润转变为重视药品的产品力和销售潜力,这样才能使门店品类齐全,增强获客能力,使药店持续稳定盈利。

（3）重视品牌产品和二线品牌产品。一些一线品牌厂家的毛利率虽然低，但其品牌的影响具有很强的吸客能力，要重点加以关注。连锁药店也要重视与品牌厂家的二线品种进行合作，虽然销量暂时不一定很大，但这类产品的毛利空间比较好，且这类品牌产品的存在对提高连锁药店的品牌度和客户信任度有一定的帮助。

（4）以销定采，重视流量，关注药企商誉。在大数据时代，一切要以数据分析为指导，不能凭感觉采购，由于多种原因，很多之前销售很好的产品瞬间会销量下滑，很多销量较差的产品由于推广得力销量会迅速提高。因此，要做好月、周及日的销售趋势分析，了解生产企业的推广进度，关注药品的舆情变化。特别要避免出现采购失误而导致库存大量积压，从而增加资金压力或损失。

（5）参考医保支付价的采购品类选择。由于医保支付的改革，未来药店的医保产品零售价一定会和医院持平。因此，对于这类产品，连锁药店必须要提前布局，争取更多的品类资源。但要注意的是，这类产品的零售价肯定不会出现高毛利现象，连锁药店要接受这个现实。

（6）关注处方外流产品和慢性病药。随着医药的分开，很多处方药特别是慢性病用药将外流到药店，这将占很大的市场份额，连锁药店要及时调整采购策略，争取分得一杯羹。

随着医改的推进，医药行业很多政策会随之发生变化，以往很多观念要有所改变，采购模式同样要更新。多种采购模式并存是连锁药店必须面对的事实，连锁药店应及时调整思路，完善采购模式，保障连锁药店健康持续发展。

第二节　药品验收

采购的药品到货时，收货人员应当按采购记录，对照供货单位的随货同行单（票）核实药品实物，做到票、账、货相符。

一、验收的内容

药品质量验收包括药品外观性状的检查和药品包装、标签、说明书及标识的检查。

药品包装、标识主要检查内容如图3-3所示。

内容一：药品的每一整件包装中，应有产品合格证

内容二：药品包装的标签或说明书上，应有药品的通用名称、成分、规格、生产企业、批准文号、产品批号、生产日期、有效期、适应证或功能主治、用法、用量、禁忌、不良反应、注意事项以及储藏条件等

内容三：验收首营品种应有生产企业出具的该批号的药品出厂检验合格报告书

内容四：处方药和非处方药的标签和说明书上应有相应的警示语或忠告语；非处方药的包装应有国家规定的专有标识

内容五：进口药品，其包装的标签应以中文注明药品的名称、主要成分以及注册证号，并附有中文说明书

内容六：外用药品其包装应有国家规定的专有标识

图3-3　药品包装、标识主要检查内容

二、验收的标准

（1）验收员依据药品质量标准规定，逐批抽取规定数量的药品进行外观性状的检查和包装、标签、说明书及标识的检查。

（2）验收员依据药品购进合同所规定的质量条款进行逐批验收。

三、做好验收记录

（1）企业应当按规定的程序和要求对到货药品逐批进行验收，验收药品应当做好验收记录，包括药品的通用名称、剂型、规格、批准文号、批号、生产日期、有效期、生产厂商、供货单位、到货数量、到货日期、验收合格数量、验收结果等内容。验收人员应当在验收记录上签署姓名和验收日期。

（2）中药材验收记录应当包括品名、产地、供货单位、到货数量、验收合格数量等内容。

（3）中药饮片验收记录应当包括品名、规格、批号、产地、生产日期、生产厂

商、供货单位、到货数量、验收合格数量等内容，实施批准文号管理的中药饮片还应当记录批准文号。

（4）验收不合格的药品还应当注明不合格事项及处置措施。

四、进行抽样验收

药品零售企业应当按照验收规定，对每次到货药品进行逐批抽样验收，抽取的样品应当具有代表性，其要求如图3-4所示。

1. 同一批号的药品应当至少检查一个最小包装，但生产企业有特殊质量控制要求或者打开最小包装可能影响药品质量的，可不打开最小包装

2. 破损、污染、渗液、封条损坏等包装异常以及零货、拼箱的，应当开箱检查至最小包装

3. 外包装及封签完整的原料药、实施批签发管理的生物制品，可不开箱检查

图3-4 抽样验收的要求

五、冷藏药品的验收

（1）冷藏、冷冻药品到货时，应当对其运输方式及运输过程的温度记录、运输时间等质量控制状况进行重点检查并记录。不符合温度要求的应当拒收。

（2）冷藏药品收货区应在阴凉或冷藏环境中，不得置于露天、阳光直射和其他可能改变周围环境温度的位置。营业员收货前，应查看并确认运输全程温度符合规定的要求后，方可接收货物，移入待验区并立即通知验收人员进行验收。

（3）冷藏药品的验收要在30分钟内完成，验收人员需按照冷藏药品的温度要求及外观质量情况进行验收，验收合格后立即将药品转入低温柜存放；对质量不合格或有疑问的药品要及时上报质量管理员待查。

六、查验药品检验报告书

验收药品应当按照药品批号查验同批号的检验报告书。供货单位为批发企业的，检验报告书应当加盖其质量管理专用章原印章。检验报告书的传递和保存可以采用电子数据形式，但应当保证其合法性和有效性。

> 验收合格的药品应当及时入库或者上架,验收不合格的,不得入库或者上架,并报告质量管理人员处理。

第三节 药品储存

药品的保存是有严格规范的,能否规范保存直接关系到药品质量、药效及其毒副作用,如果保存不当,即使药品在保质期内,也仍然会失效。因此,药店不仅要知道药品存储的常识,还要将这些知识传播给消费者,保证药效完整,合理用药。

一、药品储存要求

药店应当根据药品的质量特性对药品进行合理储存,并符合以下要求。

(1) 按包装标示的温度要求储存药品,包装上没有标示具体温度的,按照《中华人民共和国药典》规定的储藏要求进行储存。

(2) 储存药品相对湿度为35%～75%。

(3) 在人工作业的库房储存药品,按质量状态实行色标管理,合格药品为绿色,不合格药品为红色,待确定药品为黄色。

(4) 储存药品应当按照要求采取避光、遮光、通风、防潮、防虫、防鼠等措施。

(5) 搬运和堆码药品应当严格按照外包装标示要求规范操作,堆码高度符合包装图示要求,避免损坏药品包装。

(6) 药品按批号堆码,不同批号的药品不得混垛,垛间距不小于5厘米,与库房内墙、顶、温度调控设备及管道等设施间距不小于30厘米,与地面间距不小于10厘米。

(7) 药品与非药品、外用药与其他药品分开存放,中药材和中药饮片分库存放。

(8) 特殊管理的药品应当按照国家有关规定储存。

(9) 拆除外包装的零货药品应当集中存放。

(10) 储存药品的货架、托盘等设施设备应当保持清洁,无破损和杂物堆放。

(11) 未经批准的人员不得进入储存作业区,储存作业区内的人员不得有影响药品质量和安全的行为。

（12）药品储存作业区内不得存放与储存管理无关的物品。

二、药品的定期检查

药店应当定期对陈列、存放的药品进行检查，重点检查拆零药品和易变质、近效期、摆放时间较长的药品以及中药饮片。发现有质量疑问的药品应当及时撤柜，停止销售，由质量管理人员确认和处理，并保留相关记录。

三、药品的养护

（1）定期清洁药品陈列环境卫生，保持陈列药品整洁。

（2）调节药品陈列环境温湿度，确保药品陈列环境符合药品所需的储存条件。

（3）每月根据计算机系统生成的数据，对所陈列和储存的药品进行外观质量检查、效期检查，重点检查拆零药品和易变质、近效期、摆放时间较长的药品及中药饮片，发现质量疑问的，及时撤柜，存放在待处理区，告知质量管理人员进行确认和处理，并在计算机系统里锁定该品种，暂停销售。检查结束，在计算机系统里生成药品养护记录。

（4）冷藏药品需存放在可调节温度的低温柜中，养护人员每天两次对低温柜内温湿度进行监测并记录，确保冷藏药品质量合格。

（5）低温柜要定期进行维护保养并做好记录。养护人员如发现设备故障，应先将药品隔离，暂停销售，做好记录并及时上报质量管理员。

四、有效期管理

药店应当对药品的有效期进行跟踪管理，防止近效期药品售出后可能发生的过期使用，具体措施如图3-5所示。

措施一	药品应标明有效期，未标明有效期或更改有效期的按劣药处理，验收人员应拒绝收货
措施二	距失效期不到6个月的药品不得购进，近效期药品，每月应填报《近效期药品催销表》，上报质量管理人员
措施三	药品应按批号进行储存、养护，根据药品的有效期相对集中存放，按效期远近依次堆放，不同批号的药品不得混垛

措施四	对有效期不足 3 个月的药品应按月进行催销
措施五	对近效期药品应加强养护管理、陈列检查及销售控制，每半个月进行一次养护和质量检查
措施六	销售近效期药品应当向顾客告知
措施七	及时处理过期失效品种，杜绝过期失效药品售出
措施八	严格执行先进先出、近期销出、易变先出的原则

图 3-5　药品有效期的管理

第四节　药品陈列

一、药品陈列的要求

药品的陈列应当符合图 3-6 所示的要求。

要求一	按剂型、用途以及储存要求分类陈列，并设置醒目标志，类别标签字迹清晰、放置准确
要求二	药品放置于货架（柜），摆放整齐有序，避免阳光直射
要求三	处方药、非处方药分区陈列，并有处方药、非处方药专用标识
要求四	处方药不得采用开架自选的方式陈列和销售
要求五	外用药与其他药品分开摆放
要求六	拆零销售的药品集中存放于拆零专柜或者专区
要求七	第二类精神药品、毒性中药品种和罂粟壳不得陈列

图 3-6

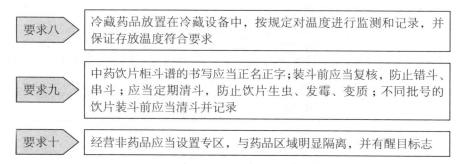

图 3-6　药品陈列的要求

二、药品陈列的原则

药品陈列应遵循图 3-7 所示的原则。

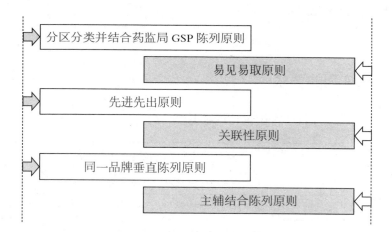

图 3-7　药品陈列的原则

1. 分区分类并结合药监局 GSP 陈列原则

（1）药品与非药品分开陈列。
（2）处方药与 OTC 药品分开陈列，处方药不得开架自选销售。
（3）特殊管理药品，按国家有关规定存放。
（4）危险品不陈列，如必须陈列时，只能陈列代用品或空包装。
（5）拆零药品，集中存放于拆零专柜，保留原包装标签。
（6）中药饮片，装斗前需复核，不得错斗、串斗，斗标应用正名正字。

2. 易见易取原则

（1）商品正面面向顾客，不被其他商品挡住视线。

（2）货架低层不易看到的商品要倾斜陈列或前进陈列。

（3）货架上层不易陈列过高、太重、易碎商品。

（4）整箱商品不要上货架，中包装商品上架前必须全部打码上架，否则不能上架。

（5）对卖场主推的新品或DM上宣传的商品突出陈列，可以陈列在端架、堆头或黄金位置，容易让顾客看到商品，从而起到好的陈列效果。

药品的有效陈列范围如图3-8所示。

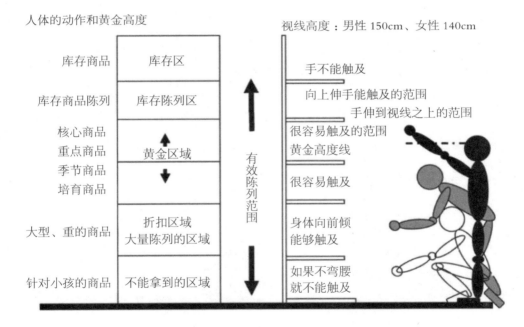

图3-8　有效陈列范围

3. 先进先出原则

商品都有有效期和保质期，我们必须保证在有效期和保质期内提前卖完这些商品。因为顾客总是购买货架前面的商品，如果不按先进先出的原则来进行商品的补充陈列，那么陈列在后排的商品就永远卖不出去。所以每次应将上架商品放在原有商品的后排或把近效期商品放在前排以便于销售。

4. 关联性原则

药品仓储式超市的陈列，尤其是自选区（OTC区和非药品区）非常强调商品之间的关联性，如感冒药区常和清热解毒消炎药相邻或止咳药相邻，皮肤科用药和皮肤科外用药相邻，妇科药品和儿科药品相邻，维生素类药和钙制剂在一起等。这样在顾客消费时产生连带性，也方便了顾客购物。

5. 同一品牌垂直陈列原则

（1）垂直陈列的优势。垂直陈列是指将同一品牌的商品，沿上下垂直方向陈列在不同高度的货架层位上，其优点如图3-9所示。

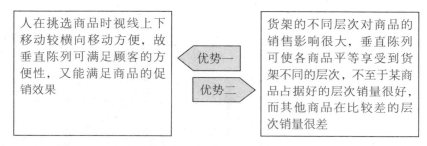

图3-9　垂直陈列的优势

（2）垂直陈列的方法。垂直陈列有两种方法，如图3-10所示。

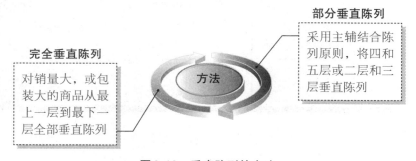

图3-10　垂直陈列的方法

6. 主辅结合陈列原则

药品仓储式超市商品种类很多，根据周转率和毛利率的高低可以划分为图3-11所示的4种商品。

第一种	高周转率、高毛利率的商品，这是主力商品，需要在卖场中很显眼的位置进行量感陈列
第二种	高周转率、低毛利率的商品，如感康、白加黑等
第三种	低周转率、高毛利率的商品
第四种	低周转率、低毛利率的商品，这类商品将被淘汰

图 3-11　根据周转率和毛利率的高低对商品分类

主辅陈列主要是用高周转率的商品带动低周转率的商品销售，如将感康和复方氨酚烷胺片陈列在一起，同属于感冒药，只是制造商不一样，感康品牌好，顾客购买频率高，属于高周转率商品，但由于药品零售价格竞争激烈，使这类商品毛利非常低，所以要引进一些同类商品增加卖场销售额。将同类商品与感康相邻陈列，陈列面要大于感康，使店员推销商品时有主力方向，又可以增加毛利。

7. 季节性陈列原则

在不同的季节将应季商品（药品）陈列在醒目的位置（端架或堆头陈列），其商品陈列面、量较大，并悬挂 POP，吸引顾客，促进销售。如图 3-12 所示。

图 3-12　药店陈列效果图

三、药品陈列场所的要求

（1）在药品储存、陈列等区域不得存放与经营活动无关的物品及私人用品，在工作区域内不得有影响药品质量和安全的行为。

（2）药店应当对营业场所温度进行监测和调控，以使营业场所的温度符合常温要求。

（3）药店应当定期进行卫生检查，保持环境整洁。存放、陈列药品的设备应当保持清洁卫生，不得放置与销售活动无关的物品，并采取防虫、防鼠等措施，防止污染药品。

四、药品陈列注意事项

1. 日光照射

药店光线充足明亮有助于顾客选购药品,但阳光中的紫外线却对药品起着催化的作用,会使部分需要避免阳光直射的药品加速氧化、分解。

对此,可将需要避光陈列的药品专门摆放在药店阴凉区。药店橱窗前摆放的药品可以只是道具或者空盒,就算是不需要避光陈列的药品也要尽可能地避免阳光直射。

2. 室内温度

药店一年四季都要保持室温,不仅仅是为了让顾客感到舒适,更是为了药品可以很好地存储。温度过高或过低都会导致药性的改变,所以药品陈列在药店货架上时也要根据其对温度的要求进行区分。

因此,药店可以在室温存储的药品就陈列在普通药店货架上;需要冷藏的药品需要存储在阴凉区或专用冷藏柜中。

3. 空气相对湿度

相对湿度也是影响药品质量的因素之一,相对湿度太大会使药品潮解、液化,药品包装盒会发霉;相对湿度太小则有可能导致药品风化。

对此,南方的药店,由于空气相对湿度较大,尤其是阴雨季节,应及时使用除湿机让药店空气保持干燥;而北方的药店,在空气过于干燥时,可以使用加湿器让药品处于相对湿润的环境中。

第五节 药品定价

一、药店正确定价的重要性

给药店的商品定价,看似简单,实际想要把握好其中的度是非常费心思的。定得低了自己没钱赚,定得高了顾客不买账。只有在赚钱和揽客这两个点中找准平衡,才能为药店创造更高的销量,从而拉动整店营收增长。

不仅如此,正确定价在将药店销量最大化的同时,还能体现出药店的专业性,更容易收获顾客的好评,让顾客产生更多信任,如此一来,想要发展老顾客也就简单多了。

二、药店定价的步骤

作为治病救人的药品,价格应合理、合规、合情。那么,药店该如何为药品定价呢,其步骤如图3-13所示。

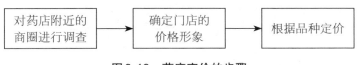

图3-13 药店定价的步骤

1. 对药店附近的商圈进行调查

看看同商圈内的其他竞争对手的价格,一般情况下我们可以请亲友或店员到竞争药房去查价;或打电话,佯装顾客,询问价格;或请医药公司业务人员告诉你价格;或定期逐步完成多品项访价。

2. 确定门店的价格形象

零售药店在顾客心目中,往往需要以整体性的价格来塑造自己的价格形象。一般药店都是给顾客营造"平价"或"价格亲民"的形象,也有部分药店主打"高端"的价格形象。影响药店商品价格的因素有很多,比如装修档次、门店位置、服务态度、环境气氛、售后保障等因素都会对商品价格产生影响,这主要看药店经营者前期如何给自己的门店进行价格形象定位。

3. 根据品种定价

药店商品经营品种可分为新品、滞销商品、正常商品三类。新品既可以低价销售占领市场,也可以高价销售获取高额利润;滞销商品一般采取折扣定价或组合定价销售以加快周转;正常商品定价一定要考虑顾客的价格敏感度。

在实践中,定价时不仅仅要考虑到药品本身的成本问题,更重要的是综合考虑,如价格敏感度、销售的导向、自身公司在市场上的地位、药品是否为竞争品等多方面因素制定出合理的商品价格。

三、药店定价的策略

药店定价常用的策略有图3-14所示的3种。

图3-14 药店定价的方法

1. 平均利润价格策略

平均利润价格策略是以药店获得正常利润为目的的一种定价策略。这种定价模式，考虑的是长远的利益，更有利于药店获得长久的发展。想采用这一策略，要求药品的供求大致相等，或药店的成本相对稳定。

2. 高价格高利润策略

为了与同类药品拉开档次距离，同时扩大药店利润，可以选用高价格高利润的定价模式。不过要注意的是，只有质量优良、具有独特功效、需求弹性低、不能通过降价的方式进行促销的药品，才适合这种定价策略。

3. 薄利多销价格策略

顾客对商品的价格总是很敏感，所以多销通常与薄利挂钩。如果想打开销量，不妨尝试放弃高利润，走薄利多销的路线，在保证自身利益的同时用低价刺激顾客消费。这种策略一般适用于需求弹性高且产量较大的商品，既能满足顾客的低价需求，又能节约药店成本。

相关链接

不同业态的药店定价策略

1. 传统药店的定价策略

传统式药店一般以中小型居多，其中绝大多数是一些小的单体药店，价格通常高低不同，常以柜台方式摆放，治疗同种疾病的药品经常摆放在一起，消费者容易选择，并可以咨询问价，这种药店通常还有坐堂医生、药师等，可以帮助患者解决药品的专业问题，这种药店的定价策略往往高一些，除了要收回相应的高成本，还因为可以提供专业化服务等优势获取高一些的利润。

此外，如果这种药店的位置是居民区或小区药店就更具有优势，由于具有便利性，可以销售常用药、急性药（主要是OTC类）为主，并定以高价，如果这类药店定的价位较低，就会具有很强的竞争优势，但企业就要协调好产品价值链的关系，从而避免企业亏损。

单体药店是最常见的一种零售业态，种类较多，但连锁经营和超市经营的发展以及小区卫生服务机构的继续扩大，对它已经产生较大的不利影响，因此，单体药店的经营方式和定价策略必须做出相应的改变。单体药店应有明确的市场定位，对其而言，采取低价策略并不是明智之举，因为它并不具备连锁经营和平价药店的成本优势，如果再采取低价策略，最终只能使企业利润越来越薄，相应的其他服务也可能会受到影响。相反，单体药店如果首先找准了市场定位，就能形成自身的差异化经营，对产品定以高价，不仅能使部分消费者成为该药店的忠实客户，还能为企业的进一步改善提供资金支持。为此，单体药店可以考虑按选址进行市场定位，可以考虑在医院、小区、交通带以及商圈等附近设址，单体药店还可以考虑根据经营品类不同进行定位，如按照保健品、药妆、处方药、非处方药、特色药品、综合型等进行不同的定位。

比如，在广东地区，凉茶是一种中药文化，社会单体药店可开设凉茶服务，这是绝对的高毛利品类，这样就可以在其他药品方面作促销。

此外，还可以根据客户群体进行分类，如以小区型单体药店为例，如果该小区内中老年人多，应以心血管、糖尿病等慢性病治疗为主要对象，配以鸡蛋、优质大米、优质食用油等赠品。

2.大卖场式药店的定价策略

大卖场式药店通常是开架式的，消费者可以自选，而且品种较多，他们的定价策略常常采取低价，因为商品的附加值低而且专业服务较少。

市场上出现的平价药店，就是大卖场式药店的一种形式。平价药店主要提供一些日常用药，目标顾客群是那些对药品价格敏感，尤其是不能享受"医保"的消费者，由于近年来药品价格虚高不下，在这种情况下，平价药店无论是在名称上还是价位上都给消费者带来了希望。他们的价格比其他企业便宜，对于政府定价药品一般比规定最高零售价低一些，也有少数降幅较大。平价药店之所以能低价促销一是因为进货价低，中间环节少，一般从厂家直接进货或从总代理直接进货；二是在交易方式和回款期限上比医院、其他零售药店好，生产厂家可以给一些价格折扣；三是费用低，工作人员少，职工工资等费用支出较少，企业采取与厂家直接结算，少进快出，库存小，占压资金少等。

总而言之，要实施低价策略，必须拥有采购及中间环节的成本优势、庞大的仓储能力、资金优势等，平价药店基本都具备这样的条件，所采取的定价策略一般以低价为主，有些甚至是亏本的，但平价药店就是通过低价的药品来吸引顾客走进药店并进而购买其他药品，从而增加药店总体上的利润水平，再加之平价药店具有简单方便等特点，使平价药店在零售市场上具有很强的竞争力。但很多平价药店的药价低是由于部分药品质量相对较差而取得的，这就对部分平价药店的发展不利，如何使平价药店的药品物美价廉，通过进一步降低流通费用和销售费用来降低药价，是平价药店现在应该予以考虑的。此外，若平价药房对所有药品全部实施"最低价"，并不是一种英明之举。为此，平价药店可以考虑采取"价格歧视"的方法来进行定价。"价格歧视"是经济学中的一个概念，是指对同一产品制定不同价格的做法，这种价差不是建立在生产成本或供应成本的基础上，而是建立在市场供求、消费者不同的嗜好、不同的产品信息、不同的兴趣等基础之上的。它又分为一级价格歧视、二级价格歧视、三级价格歧视三种。

拿药房给药品定价为例，一级价格歧视比如根据消费者对药品的偏好程度，对同一种药品制定不同的价格。二级价格歧视指药店为定量的药品制定一个统一的单价，或为一个消费者限定一个购买量。三级价格歧视按照不同地区、不同需求、不同时间将市场分为不同的层次，在每个层次中实施不同的价格策略。显而易见，一级价格歧视只有理论意义而无实际操作价值。二级和三级价格歧视，兼顾了消费者的需求和偏好，同时从一定程度上平衡了药厂和一般药房的忌妒心理，更重要的是这种策略由于具有了为消费者"量体裁衣"的特点，其盈利能力比单一价格策略的盈利能力要强好多倍。

3.定点零售药店的定价策略

如果某些药店可以为"城镇基本医疗保险"参保人员提供处方外配服务，也就是通常所说的定点药店，就会具有很大的定价自由，这种药店既有单体形式,也有连锁形式的,由于是国家定点药店,就具有一定的垄断性,一些具有医保资格的消费者常会选择去这些药店购药,只要价差可以接受就可,此外非医保患者通常也会对定点药店有"质量可靠"的印象,这些都可使定点药店的价格略高于普通药店,而不担心顾客的流失,因为顾客相对稳定。

4. 超市药品的定价策略

在超市里经营药品也已经成为一种趋势,有的超市是专营药品,也就是通常所说的药品超市,这种方式通常有开架式和柜台式并存的方式,一些常用药、OTC可以用开架式,而对于一些名贵的药品要放在柜台里摆放,品种较齐全,价位不高,价格一般比独立药店稍低。若超市的经营种类很多,药品只是其中的一种,如家乐福超市就有经营药品的专柜,药品以OTC类、保健品、传统中药材为主,价位可相应高一些。

5. 连锁药店的定价策略

相较于其他形式的零售企业而言,连锁经营具有成本优势,通过运用管理信息系统及电子商务等手段,连锁经营总部专门负责进货,可在全国乃至世界范围选择物美价廉的药品,由于总部统一进货,进货量大,形成规模效益,所以进货价格可以得到优惠,从而降低了进货成本,各连锁店铺专门负责销售,可以集中精力促销并千方百计降低销售费用,由于总部及时送货,店铺库存费用下降,从而降低了销售成本,提高了经济效益。

另外,连锁药店大部分由顾客自我选购、自我服务,减少了售货劳动,雇员相对较少,节省了工资成本、场地费用。因此,连锁药店的价位一般不会很高,而且实行统一价格,全国零售价格基本一致。此外,由于连锁药店一般都提供专业服务,解答消费者的咨询,而且地点常选择在医院附近、市中心以及居民区,对消费者来说十分便利,这些都有利于稳定消费群体,可以说连锁经营已经综合了其他药店的优势,而价位又不很高,这种经营方式对其他零售企业来说影响巨大,连锁经营已经成为零售业发展的主流趋势。

药品毕竟跟一般商品不同,药品价格不是越低越受到消费者的认可。因此,连锁药店在定价时没有必要一味采取低价策略,从而使企业的利润受到损失,此外,企业在调整价格策略时,必须也要进行产品成本调研:与同类产品相比,自己的产品是否具有成本优势。如果有,就可以一种低价格去快速占领市场；如果没有，就要考虑以高质量的形象去支撑一个高价位。因此，连锁药店不应该把注意的焦点仅仅集中于药品价格的单一因素上，而是要使药品的价格与其他的服务、药品的经济性等多种因素结合起来。

平价药店的出现，使连锁药店的压力越来越大，面对这些价格低廉的药店的竞争，连锁药店只有从消费者需求出发，适当减少不必要的成本，增加服务项目，应尽量把药品价格控制在高于平价药店药品价格10%～15%范围内，尤其是那些价格敏感的药品。连锁药店现在需要做的是把价格敏感的药品如一些常用药、慢性病用药的价位定得低一些，以便更具有竞争力，而从价格不敏感的药品上把损失找回来。同时，连锁药店的定价也不必完全相同，由于每个地区的成本不同、消费特点不同，每个地区应有灵活的调价策略。比如，春秋季温差变化大，为感冒多发季节，药店可适时推出一些特价感冒药；而夏季易发心脑管病，此时药店也可以适当降低此类药品的价格。

第六节　药品销售

一、药品销售的要求

1. 对销售人员的要求

（1）凡从事药品零售工作的营业员，上岗前必须经过业务培训，考核合格后取得上岗证，同时取得健康证明后方能上岗工作。

（2）营业人员应当佩戴有照片、姓名、岗位等内容的工作牌，是执业药师和药学技术人员的，工作牌还应当标明执业资格或者药学专业技术职称。在岗执业的执业药师应当挂牌明示。

（3）药品营业人员应熟悉药品知识，了解药品性能，不得患有精神病、传染病或其他可能污染药品的疾病，每年定期进行健康检查。

2. 对销售场所的要求

药店应当在营业场所的显著位置悬挂《药品经营许可证》和营业执照、执业药师注册证等。

3. 对销售过程的要求

（1）营业员依据顾客所购药品的名称、规格、数量、价格核对无误后，将药品交与顾客。

（2）销售药品必须以药品的使用说明书为依据，正确介绍药品的适应证或功能主治、用法用量、不良反应、禁忌及注意事项等，指导顾客合理用药，不得虚假夸大药品的疗效和治疗范围，误导顾客。

（3）顾客凭处方购药，按照《药品处方调配管理制度》执行，处方必须经药师审核签章后，方可调配和出售。

（4）销售非处方药，可由顾客按说明书内容自行判断购买和使用，如果顾客提出咨询要求，药师应负责对药品的购买和使用进行指导。

（5）不得采用有奖销售、附赠药品或礼品销售等方式销售药品。

（6）不得销售国家规定不得零售的药品。

（7）销售药品所使用的计量器具应经计量检定合格并在有效期限内。

（8）对缺货药品要认真登记，及时向采购员传递药品信息，组织货源补充上柜，并通知客户购买，非本企业人员不得在营业场所内从事药品销售相关活动。

（9）对实施电子监管的药品，在售出时应当进行扫码和数据上传。

（10）销售药品开具有药品名称、生产厂家、批号、规格、价格等内容的销售凭证。

二、药品拆零销售

拆零药品是指所销售药品最小单元的包装上，无药品说明书，不能明确注明药品名称、规格、服法、用量、有效期等内容的药品。

药品拆零销售应当符合以下要求。

（1）营业员负责药品的拆零销售，在上岗前经过专门的培训后，每日上午对拆零药品进行一次检查，如有变质等不符合药品质量要求的情况按不合格药品处理程序进行处理。

（2）药店须设立专门的拆零柜台或货柜，并配备必要的拆零工具，如药匙、药刀、瓷盘、拆零药袋等，并保持拆零工具清洁卫生。操作人员不得用手直接接触药品。

（3）拆零工具使用完后，应保持清洁，放置于干净包装袋或盒中，以避免受污染。

（4）拆零前，对拆零药品须检查外观质量，凡发现质量可疑或外观性状不合格的药品不可拆零。

（5）对拆零后的药品，应集中存放于拆零专柜，不能与其他药品混放，并保持原包装、标签和说明书。

（6）拆零药品储存有温度要求的，必须按规定的温度条件存放。

（7）拆零的药品销售时必须放入拆零药袋中，标明顾客姓名，和药品的品名、规格、数量、用法、用量、批号、有效期以及药店名称等，并做好拆零药品记录。销售记录包括拆零起始日期及药品的通用名称、规格、批号、生产厂商、有效期、销售数量、销售日期、分拆及复核人员等。

（8）对调配好的拆零药品进行复核，确认药品、包装袋的内容无差错后，将药品发给顾客，详细说明用法、用量、注意事项，并提供药品说明书的原件或复印件。

三、处方药的销售

（1）销售处方药时，应由执业药师或药师以上的药学技术人员对处方进行审核并签字或盖章后，方可依据处方调配销售，销售及复核人员均应在处方上签全名或盖章。

（2）销售处方药必须凭医生开具的处方，方可调配。

（3）处方所列药品不得擅自更改或代用。

（4）处方药销售要留存处方并做好记录，处方保存5年备查，顾客必须取回处方的，应做好处方登记。

（5）对有配禁忌和超剂量的处方，应拒绝调配、销售。必要时，需要经原处方医师更正或重新签字后方可调配或销售。

（6）处方所写内容模糊不清或已被涂改时，不得调配。

四、特殊类药品的销售

（1）销售此类药品时，应要求顾客出示身份证明，并予以记录，记录内容包括顾客的姓名、身份证号码和联系电话、销售数量。

（2）单次最多不允许销售超过药品2个最小包装。

（3）若同一顾客，频繁购买此类药品，应拒绝销售，必要时报告监管部门处理。

五、中药饮片的销售

（1）中药配方营业员在配方时应思想集中，严格按处方要求核对品名配药、售药。

（2）配方使用的中药饮片，必须是经过加工炮制的中药品种。

（3）对处方所列药品不得擅自更改，对有配伍禁忌或超剂量的处方应当拒绝调配、销售，必要时，经处方医师更正或重新签字，方可调配、销售。

（4）严格按配方、发药操作规程操作。坚持一审方、二核价、三开票、四配方、五核对、六发药的程序销售。

（5）严格执行物价政策，严禁串规、串级，按规定价格算方计价，发票项目填写全面，字迹清晰。

（6）按方配制，称准分匀，总贴误差不大于2%，分贴误差不大于5%。处方配完后应先自行核对，无误后签字交复核员复核，严格复核无误后签字，才可发给顾客。

（7）应对先煎、后下、包煎、分煎、烊化、兑服等特殊用法单包注明，并向顾客交代清楚，并主动耐心介绍服用方法。

（8）配方营业员不得调配自带配方，对鉴别不清、有疑问的处方不调配，并向顾客讲清楚情况。

（9）每天配方前必须校对衡器，配方完毕整理营业场所，保持柜橱内外清洁。

（10）单剂处方中药的调剂必须每味都要用药戥称，多剂处方必须坚持多戥分称，以保证计量准确。

六、近效期药品的销售

一般药品距离规定的有效期6个月的时候就是近效期药品。药店销售近效期药品应当向顾客告知有效期。

七、药品售后管理

（1）除药品质量原因外，药品一经售出，不得退换。

（2）药店应当在营业场所公布食品药品监督管理部门的监督电话，设置顾客意见簿，及时处理顾客对药品质量的投诉。

（3）药店按照国家有关药品不良反应报告制度的规定，收集、报告药品不良反应信息。

（4）发现已售出药品有严重质量问题，应当及时采取措施追回药品并做好记录，同时向食品药品监督管理部门报告。

（5）应当协助药品生产企业履行召回义务，控制和收回存在安全隐患的药品，并建立药品召回记录。

第四章

药店日常管理

导言　管理对于药店来说也是非常重要的，完善的管理不仅可以让店铺运营有条不紊，并且可以在无形中增加业绩。

思维导图

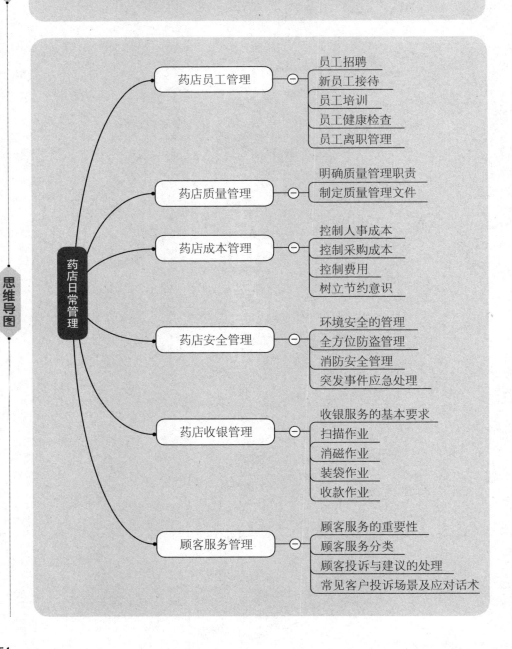

第一节 药店员工管理

对于门店来说，怎么管理员工也是一门学问，好的员工管理可以让员工做事认真负责，带来的正面效益也会越来越大。

一、员工招聘

一般来说，连锁药店的新员工招聘是由总部的人力资源部负责，店主只需要负责提交增员申请即可。不过，独立药店则要由店主亲自负责新员工的招聘。

1. 招聘渠道

店主可以通过熟人介绍，也可在店门前张贴招聘海报，还可在58同城、赶集网等招聘网站上发布招聘信息。

如图4-1所示的是某药店在网络上发布的招聘信息。

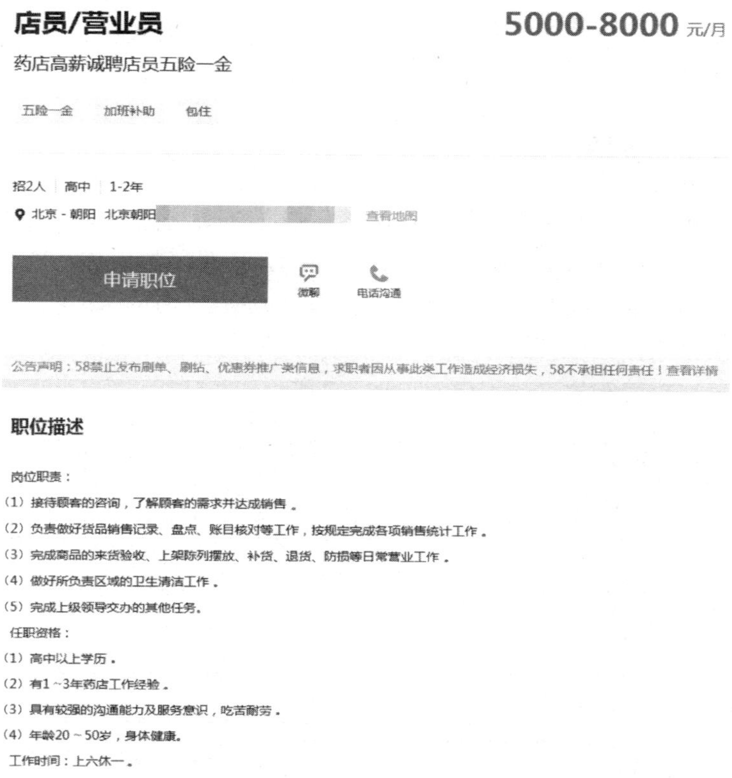
店员/营业员 5000-8000 元/月

药店高薪诚聘店员五险一金

五险一金 加班补助 包住

招2人 | 高中 | 1-2年

北京 - 朝阳 北京朝阳 查看地图

申请职位 微聊 电话沟通

公告声明：58禁止发布刷单、刷钻、优惠券推广类信息，求职者因从事此类工作造成经济损失，58不承担任何责任！查看详情

职位描述

岗位职责：

（1）接待顾客的咨询，了解顾客的需求并达成销售。

（2）负责做好货品销售记录、盘点、账目核对等工作，按规定完成各项销售统计工作。

（3）完成商品的来货验收、上架陈列摆放、补货、退货、防损等日常营业工作。

（4）做好所负责区域的卫生清洁工作。

（5）完成上级领导交办的其他任务。

任职资格：

（1）高中以上学历。

（2）有1～3年药店工作经验。

（3）具有较强的沟通能力及服务意识，吃苦耐劳。

（4）年龄20～50岁，身体健康。

工作时间：上六休一。

图4-1 网上发布的店员招聘启事

2. 招聘要求

对于应聘人员，经营者要明确其岗位职责以及任职要求等，以便确定最合适的人选。不同的岗位，其岗位职责与任职要求也不相同。

比如，店长的岗位职责如下。

（1）全面主持店面的管理工作，配合总部的各项营销策略的实施。

（2）执行总部下达的各项任务。

（3）做好门店各个部门的分工管理工作。

（4）监督商品的要货、上货、补货，做好进货验收、商品陈列、商品质量和服务质量管理等有关作业。

（5）监督门店商品损耗管理，把握商品损耗尺度。

（6）掌握门店各种设备的维护保养知识。

（7）监督门店内外的清洁卫生，负责保卫、防火等作业管理。

（8）妥善处理顾客投诉和服务工作中所发生的各种矛盾。

（9）负责对员工的培训教育。

（10）完成药品质量GSP管理要求。

二、新员工接待

当门店有新员工来时，为了更好地培养新员工，使其更快地融入集体，为店铺创造利润，店主应做好新员工的接待工作。当然，新员工的培养与应用，最终的目的是为店铺创造价值。因此，无论是总部招聘分派来的，还是店主自己招聘的，店主都要做好接待工作。

一般而言，接待新员工的程序，如图4-2所示。

第一步	核对身份证与人力资源部发出的验证报道证明与培训部发出的实习证明
第二步	自我介绍并了解新员工的称呼
第三步	分派工衣、工牌和告知摆放私人物品的地方
第四步	介绍卖场内的同事并互相熟悉
第五步	介绍清洁用品的摆放并简单说明清洁方法和注意事项

第六步	简单讲述店内的人潮时间和看场注意事项
第七步	分派简单任务并做鼓励
第八步	半小时后跟进其工作并分派新任务

图4-2 新员工的接待程序

店主（或店长）应告知新同事："欢迎加入我们的团队，我是××，接下来我们将会一起工作"。店主（或店长）将上班用品交给新同事，并告知其使用方法，以及仓库、喝水位置、洗手间等。

开早会时，应将新同事郑重地介绍给所有的同事（相互握手认识），安排一名资深的同事作为新同事的师傅，引导其快速适应工作。

开店秘诀

当新员工刚刚来到一个陌生的环境时，或多或少会感到有点不安。因此，店主应多点关心，令他（她）尽快适应新环境，多一些肯定。

三、员工培训

员工培训的意义重大。员工培训是企业持续发展的力量源泉，也是一种激励机制，是满足企业和员工双方需求的行为。员工培训是造就人才的一种重要途径之一，是企业人力资本增值及再生产的重要方式。

1. 带领新员工参加总部培训

连锁药店员工的培训工作一般由总部人力资源部主导，门店店长负责将其组织到总部参加新员工培训。一般总部培训以介绍和交流为主，主要包括以下事项。

（1）公司发展历程、企业文化与价值观、经营理念和战略目标、各项业务的发展态势等公司概况。

（2）公司的招聘选拔、人才培养、培训开发、绩效薪酬等人力资源管理体系。

（3）职业生涯规划的意义、步骤以及职业道德方面的要求。

（4）公司员工职业生涯发展的成功案例。

（5）休假、财务报销等常见事务的办理。

通过总部培训，新员工对公司的情况有了进一步了解，增强了对未来发展的信心，并在相互交流中增进了认识，加强了沟通理解，为今后更快适应工作环境并展开工作奠定了良好的基础。

> 经营者要提前告知新员工培训的时间、地点、培训内容等基本事项，以免出现培训时有人迟到、缺席的情况。

2. 根据门店情况做针对性培训

经营者应根据本店铺的实际情况，对新员工进行针对性的培训。

《药品经营质量管理规范》第一百二十七条规定："企业各岗位人员应当接受相关法律法规及药品专业知识与技能的岗前培训和继续培训，以符合本规范要求。"

《药品经营质量管理规范》第一百二十八条规定："企业应当按照培训管理制度制订年度培训计划并开展培训，使相关人员能正确理解并履行职责。培训工作应当做好记录并建立档案。"

《药品经营质量管理规范》第一百二十九条规定："企业应当为销售特殊管理的药品、国家有专门管理要求的药品、冷藏药品的人员接受相应培训提供条件，使其掌握相关法律法规和专业知识。"

如表4-1所示的是某药店新员工培训计划、考核表。

表4-1　新员工培训计划、考核表

门店：　　　　　　　员工姓名：　　　　　　　入职时间：

时间安排	培训内容		培训要求	培训日期	带教员	带教员及考核员考评（是否达标、存在问题及如何改进）	招聘培训专员督导执行情况反馈
第一天	企业文化与规章制度	1 新员工欢迎仪式	介绍新员工，举行晨会，鼓掌，让新员工感受集体温暖			成绩： □合格 □不合格	
		2 认识门店同事	店长或当班负责人带领，在不影响卖场营业的情况下，认识带教老师及同班同事，热情相互介绍，消除陌生感				
		3 工作时间	熟悉工作时间、排班、门店的交接班要求				

续表

时间安排	培训内容		培训要求	培训日期	带教员	带教员及考核员考评（是否达标、存在问题及如何改进）	招聘培训专员督导执行情况反馈
第一天	企业文化与规章制度	4 熟悉卖场大致布局	明了卖场布局及商品品类大致陈列情况			成绩： □合格 □不合格	
		5 企业文化及规章制度	按照《新员工手册》内容做精要培训，转正考核时总部再集中培训				
		6 对新员工做出传帮带计划，布置每天事项安排	把此表给新员工看，明白每天每周具体工作与培训事项，明白工作方向和目标				
第二至七天	服务礼仪	7 仪容仪表；服务礼仪；服务用语；门店服务过程中行为标准要求；接待顾客的步骤及注意事项	熟知仪容仪表、服务礼仪、服务用语等标准要求；熟练掌握门店服务过程中行为标准要求及接待顾客的步骤（门店手册里有培训教材，进行培训讲解，发培训教材）				
	收银作业	8 学习收银作业标准操作流程	（1）熟练收银打字，掌握收银基本操作流程及注意事项 （2）学会唱收唱付，正确、快速地收款找赎，接待5位客人，须保证100%正确，每位服务的平均时间小于2分钟者为合格 （3）掌握如何在收银时主动向顾客推荐商品，推荐顾客开办会员卡			成绩： □合格 □不合格	
		9 按以上所培训内容逐项进行考核	达标率80%以上为合格，如不合格须再进行培训、考核；如果合格就进入下一轮培训				

续表

时间安排	培训内容		培训要求	培训日期	带教员	带教员及考核员考评（是否达标、存在问题及如何改进）	招聘培训专员督导执行情况反馈
第八至十五天	中药柜	10 中药柜处方操作、顾客服务	熟练掌握中药品名、价格、功效、位置，抽查正确率＞80%；会看处方、计价、调剂，随机称量3个药品（每样10g），平均差异须＜0.5g。			成绩： □合格 □不合格	
		11 每天抄写中药柜商品品名、价格，每天下班后抄写	（1）熟记"十八反"和"十九畏" （2）熟悉中药装斗记录和中药处方收集、登记 （3）掌握看处方计价、调剂；实操计价、调剂不少于2次				
		12 参茸柜顾客服务	（1）抄写参茸代理商品，每天至少向2名顾客推荐参茸商品 （2）学会打粉、切参机切片、烘烤、鹿筋切块操作，至少正确操作2次				
		13 中药调配程序	对中药各斗谱位置的熟悉；简单中药的鉴别				
		14 对中药柜进行考核	达标率80%以上为合格，如不合格须再进行培训、考核；如果合格就进入下一轮培训				

续表

时间安排	培训内容		培训要求	培训日期	带教员	带教员及考核员考评（是否达标、存在问题及如何改进）	招聘培训专员督导执行情况反馈
第十六至二十二天	OTC	15 每天抄写OTC每个品类畅销、代理商品，每天下班后抄写，抄写商品不少于10个	熟记每个抄写商品的位置、品名、规格、单价、产地、成分、服用方法、功效、禁忌等，抽查正确率须>80%			成绩： □合格 □不合格	
		16 商品陈列	熟悉商品陈列基本操作，参与到货后的商品验收、上架、进仓等工作，养成及时理货的习惯				
		17 对OTC进行考核	达标率80%以上为合格，如不合格须再进行培训、考核；如果合格就进入下一轮培训				
第二十三至二十九天	处方柜	18 每天下班后抄写，抄写商品不少于10个	（1）熟悉处方药登记、销售注意事项 （2）熟记每个抄写商品的位置、品名、规格、单价、产地、成分、服用方法、功效、禁忌等，抽查正确率须>80%			成绩： □合格 □不合格	
		19 处方药知识	（1）药品的功效和功能主治 （2）药品的分类				
		20 处方的相关工作了解	（1）对顾客拿来的处方单的审核 （2）法律、法规的熟悉				
		21 对处方柜进行考核	达标率80%以上为合格，如不合格须再进行培训、考核；如果合格就进入下一轮培训				

第四章 药店日常管理

续表

时间安排	培训内容		培训要求	培训日期	带教员	带教员及考核员考评（是否达标、存在问题及如何改进）	招聘培训专员督导执行情况反馈
	以下"销售培训"的内容于新员工到来的第二天开始，每天进行相关培训，贯穿中药柜、OTC、处方柜三个培训环节						
每天随时	销售培训	22	每天：照看卖场、接待顾客，观摩学习其他员工如何进行销售	带教员应每天注意安排时间予以辅导、培训，传授基本销售技巧		成绩： □合格 □不合格	
		23	每天：在工作过程中熟悉畅销商品的品名、位置、单价、产地、服用方法、功效、禁忌等	熟悉前10个畅销商品的相关知识，抽查正确率须＞90%			
		24	每天：联合用药	掌握联合用药基本知识并加以运用，至少每天向6位顾客进行联合用药推荐，并保证至少3位成功交易		成绩： □合格 □不合格	
		25	每天：销售指标	单价20元以上，成功推荐4个不同品种的代理商品，带教员需予以指导			
每天随时	卫生管理	26	个人区域卫生	对自己负责的卫生区须重点做好商品、卫生管理，不出现货架脏、货品摆放乱、缺货不插缺货牌等情况		成绩： □合格 □不合格	

续表

时间安排	培训内容		培训要求	培训日期	带教员	带教员及考核员考评（是否达标、存在问题及如何改进）	招聘培训专员督导执行情况反馈
第三十天	综合考核	按以上标准进行考试及相关实操考核	达标率80%以上为合格，如不合格须再进行培训、考核			成绩： □合格 □不合格	
第三十一天	门店负责人向区域主管及招聘培训专员汇报传帮带培训考核情况，区域主管组织现场考核					成绩： □合格 □不合格	
第三十二至三十七天	运营部经理及招聘培训专员组织转正培训考核（集中培训、考核、转正）					成绩： □合格 □不合格	

四、员工健康检查

《药品经营质量管理规范》第一百三十一条规定："企业应当对直接接触药品岗位的人员进行岗前及年度健康检查，并建立健康档案。患有传染病或者其他可能污染药品的疾病的，不得从事直接接触药品的工作。"

 相关链接

> ××药店GSP人员健康管理制度
>
> **1. 目的**
>
> 规范本企业人员健康状况管理工作，创造一个良好的工作环境，防止药品污染变质，保证所经营药品的质量。

2. 依据

《药品经营质量管理规范》。

3. 适用范围

本企业人员健康管理。

4. 责任

质量管理人员对本制度的实施负责。

5. 内容

（1）对从事直接接触药品的工作人员实行人员健康状况管理，确保直接接触药品的工作人员符合规定的健康要求。

（2）凡从事直接接触药品的工作人员包括药品质量管理、验收、保管等岗位人员，应每年定期到市食品药品监督管理局指定的医疗机构进行健康检查。

（3）健康检查除一般身体健康检查外，应重点检查是否患有精神病、传染病、皮肤病等；质量管理、验收、养护岗位人员还应增加视力程度（经矫正后视力应不低于0.9）和辨色障碍（色盲和色弱）等项目的检查。

（4）健康检查不合格的人员，应及时调离原工作岗位。

（5）对新调整到直接接触药品岗位的人员必须经健康检查合格后才能上岗。

（6）直接接触药品的工作人员若发现本人身体健康状况已不符合岗位任职要求时，应及时申请调换工作岗位，及时治疗，争取早日康复。

（7）质量管理人员负责每年定期组织直接接触药品岗位人员进行健康检查，建立企业和个人的健康档案。档案至少保存5年。

五、员工离职管理

当有员工提出离职时，经营者应仔细分析员工离职原因，并采取措施，降低员工离职率。

1. 分析员工离职原因

一般来说，员工离职原因有以下3种。

（1）有的高素质员工为了实现自身的价值，谋求发展而跳槽。

（2）为了寻求更高的薪酬收入而跳槽。

（3）药店被普遍认为是低档次的行业，技术含量不高，所以员工为了寻求一份稳定的有品位的工作而跳槽。

2. 降低员工流失的措施

为了更好地留住员工，经营者可采取以下措施。

（1）物质激励措施。比如，给员工支付较高的工资，改善员工的福利待遇等。

（2）精神激励措施。比如，诚心诚意留用员工，强化情感投入，充分授权以满足员工干事业的需要等。

（3）采取图4-3所示的不同周期的留人措施。

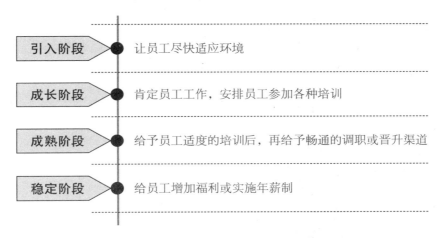

图4-3　不同周期的留人措施

3. 受理员工离职

（1）如果员工要离职，经营者应先与其进行正式谈话，提出挽留。

（2）如果员工执意要离职，应让其填写离职申请表，并上交由药店所发的工作用品，如工服、工牌等，同时填写离职清单，待相关部门领导签字同意后，店长最后签字确认，员工方可正式离职。

第二节　药店质量管理

药品安全事关人民群众的身体健康和生命安全，关系到经济健康发展和社会和谐稳定。药店药房作为药品流通使用的终端渠道，直接关系到药品使用环节"最后一公里"的质量安全，因此药店药房应做好质量管理工作。

一、明确质量管理职责

《药品经营质量管理规范》第一百二十二条规定:"企业负责人是药品质量的主要责任人,负责企业日常管理,负责提供必要的条件,保证质量管理部门和质量管理人员有效履行职责,确保企业按照本规范要求经营药品。"

对此,药品零售企业应当设置质量管理部门或者配备质量管理人员,履行以下职责。

(1)督促相关部门和岗位人员执行药品管理的法律法规及规范。

(2)组织制定质量管理文件,并指导、监督文件的执行。

(3)负责对供货单位及其销售人员资格证明的审核。

(4)负责对所采购药品合法性的审核。

(5)负责药品的验收,指导并监督药品采购、储存、陈列、销售等环节的质量管理工作。

(6)负责药品质量查询及质量信息管理。

(7)负责药品质量投诉和质量事故的调查、处理及报告。

(8)负责对不合格药品的确认及处理。

(9)负责假劣药品的报告。

(10)负责药品不良反应的报告。

(11)开展药品质量管理教育和培训。

(12)负责计算机系统操作权限的审核、控制及质量管理基础数据的维护。

(13)负责组织计量器具的校准及检定工作。

(14)指导并监督药学服务工作。

(15)其他应当由质量管理部门或者质量管理人员履行的职责。

二、制定质量管理文件

《药品经营质量管理规范》第一百三十三条规定:"企业应当按照有关法律法规及本规范规定,制定符合企业实际的质量管理文件。文件包括质量管理制度、岗位职责、操作规程、档案、记录和凭证等,并对质量管理文件定期审核、及时修订。"

《药品经营质量管理规范》第一百三十四条规定:"企业应当采取措施确保各岗位人员正确理解质量管理文件的内容,保证质量管理文件有效执行。"

1. 质量管理制度

《药品经营质量管理规范》第一百三十五条规定,药品零售质量管理制度应当包括以下内容。

（1）药品采购、验收、陈列、销售等环节的管理，设置库房的还应当包括储存、养护的管理。

（2）供货单位和采购品种的审核。

（3）处方药销售的管理。

（4）药品拆零的管理。

（5）特殊管理的药品和国家有专门管理要求的药品的管理。

（6）记录和凭证的管理。

（7）收集和查询质量信息的管理。

（8）质量事故、质量投诉的管理。

（9）中药饮片处方审核、调配、核对的管理。

（10）药品有效期的管理。

（11）不合格药品、药品销毁的管理。

（12）环境卫生、人员健康的规定。

（13）提供用药咨询、指导合理用药等药学服务的管理。

（14）人员培训及考核的规定。

（15）药品不良反应报告的规定。

（16）计算机系统的管理。

（17）药品追溯的规定。

（18）其他应当规定的内容。

2. 岗位职责

《药品经营质量管理规范》第一百三十六条规定："企业应当明确企业负责人、质量管理、采购、验收、营业员以及处方审核、调配等岗位的职责，设置库房的还应当包括储存、养护等岗位职责。"

《药品经营质量管理规范》第一百三十七条规定："质量管理岗位、处方审核岗位的职责不得由其他岗位人员代为履行。"

3. 操作规程

《药品经营质量管理规范》第一百三十八条规定，药品零售操作规程应当包括以下内容。

（1）药品采购、验收、销售。

（2）处方审核、调配、核对。

（3）中药饮片处方审核、调配、核对。

（4）药品拆零销售。

（5）特殊管理的药品和国家有专门管理要求的药品的销售。

（6）营业场所药品陈列及检查。

（7）营业场所冷藏药品的存放。

（8）计算机系统的操作和管理。

（9）设置库房的还应当包括储存和养护的操作规程。

4. 档案、记录和凭证

《药品经营质量管理规范》第一百三十九条规定："企业应当建立药品采购、验收、销售、陈列检查、温湿度监测、不合格药品处理等相关记录，做到真实、完整、准确、有效和可追溯。"

《药品经营质量管理规范》第一百四十条规定："记录及相关凭证应当至少保存5年。特殊管理的药品的记录及凭证按相关规定保存。"

《药品经营质量管理规范》第一百四十一条规定："通过计算机系统记录数据时，相关岗位人员应当按照操作规程，通过授权及密码登录计算机系统，进行数据的录入，保证数据原始、真实、准确、安全和可追溯。"

《药品经营质量管理规范》第一百四十二条规定："电子记录数据应当以安全、可靠方式定期备份。"

 相关链接

×× 药店质量管理体系文件（节选）

一、质量管理体系文件管理制度

1 目的：规范本企业质量管理体系文件的管理。

2 依据：《药品经营质量管理规范》《药品经营质量管理规范实施细则》。

3 适用范围：本制度规定了质量管理体系文件的起草、审核、批准、印制、发布、保管、修订、废除与收回，适用于质量管理体系文件的管理。

4 责任：企业负责人对本制度的实施负责。

5 内容如下。

5.1 质量管理体系文件的分类。

5.1.1 质量管理体系文件包括标准和记录。

5.1.2 标准性文件是用以规定质量管理工作的原则，阐述质量管理体系的

构成，明确有关人员的岗位职责，规定各项质量活动的目的、要求、内容、方法和途径的文件，包括企业质量管理制度、岗位职责、操作规程、档案、记录和凭证等。

5.1.3 记录是用以表明本企业质量管理体系运行情况和证实其有效性的记录文件，包括药品采购、验收、销售、陈列检查、温湿度监测、不合格药品处理等各个环节质量活动的有关记录。

5.2 质量管理体系文件的管理。

5.2.1 质量管理人员统一负责制度和职责的编制、审核和记录的审批。制定文件必须符合下列要求。

5.2.1.1 必须依据有关药品的法律、法规及行政规章的要求制定各项文件。

5.2.1.2 结合企业的实际情况使各项文件具有实用性、系统性、指令性、可操作性和可考核性。

5.2.1.3 制定质量体系文件管理程序，对文件的起草、审核、批准、印制、发布、存档、复审、修订、废除与收回等实施控制性管理。

5.2.1.4 对国家有关药品质量的法律、法规和行政规章以及国家法定药品标准等外部文件，不得作任何修改，必须严格执行。

5.2.2 企业负责人负责审核质量管理文件的批准、执行、修订、废除。

5.2.3 质量管理人员负责质量管理制度的起草和质量管理体系文件的审核、印制、存档、发放、复制、回收和监督销毁。

5.2.4 各岗位负责与本岗位有关的质量管理体系文件的起草、收集、整理和存档等工作。

5.2.5 质量管理体系文件执行前，应由质量管理人员组织岗位工作人员对质量管理体系文件进行培训。

5.3 质量管理体系文件的检查和考核。企业质量管理人员负责协助企业负责人每年至少一次对企业质量体系文件管理的执行情况和体系文件管理程序的执行情况进行检查和考核，并应有记录。

二、质量管理体系文件检查考核制度

1 目的：确保各项质量管理的制度、职责和操作程序得到有效落实，以促进企业质量管理体系的有效运行。

2 依据:《药品经营质量管理规范》。

3 适用范围:适用于对质量管理制度、岗位职责、操作规程和各项记录的检查和考核。

4 职责:企业负责人对本制度的实施负责。

5 内容如下。

5.1 检查内容。

5.1.1 各项质量管理制度的执行情况。

5.1.2 各岗位职责的落实情况。

5.1.3 各种工作操作规程的执行情况。

5.1.4 各种记录是否规范。

5.2 检查方式。各岗位自查与企业考核小组组织检查相结合。

5.3 检查方法。

5.3.1 各岗位自查。各岗位应定期依据各自岗位职责对负责的质量管理制度、岗位职责和工作操作规程的执行情况进行自查,并完成书面的自查报告,将自查结果和整改方案报请企业负责人和质量管理人员。

5.3.2 质量管理制度检查考核小组检查。

5.3.2.1 被检查部门:企业的各岗位。

5.3.2.2 企业应每年至少组织一次质量管理制度、岗位职责、工作操作规程和各项记录的执行情况的检查,由企业质量管理人员进行组织,每年年初制定全面的检查方案和考核标准。

5.3.2.3 检查小组由不同岗位的人员组成,组长1名,成员2名。

5.3.2.4 检查人员应精通经营业务和熟悉质量管理,具有代表性和较强的原则性。

5.3.2.5 在检查过程中,检查人员要实事求是并认真作好检查记录,内容包括参加的人员、时间、检查项目内容、检查结果等。

5.3.2.6 检查工作完成后,检查小组应写出书面的检查报告,指出存在的和潜在的问题,提出奖罚办法和整改措施,并上报企业负责人和质量管理人员审核批准。

5.3.2.7 企业负责人和质量管理人员对检查小组的检查报告进行审核,并确定整改措施和按规定实施奖罚。

5.3.2.8 各岗位依据企业负责人的决定,组织落实整改措施并将整改情况向企业负责人反馈。

三、质量事故、质量投诉管理制度

1 目的:加强本企业所经营药品发生质量事故的管理,有效预防重大质量事故的发生。

2 依据:《药品经营质量管理规范》。

3 适用范围:发生质量事故药品的管理。

4 责任:质量管理人员、药品购进人员、营业员对本制度的实施负责。

5 内容如下。

5.1 药品质量事故是指药品经营过程中,因药品质量问题而导致的危及人体健康或造成企业经济损失的情况。质量事故按其性质和后果的严重程度分为重大事故和一般事故两大类。

5.1.1 重大质量事故。

5.1.1.1 违规销售假、劣药品;非违规销售假劣药品造成严重后果的。

5.1.1.2 未严格执行质量验收制度,造成不合格药品入库的。

5.1.1.3 由于保管不善,造成药品整批虫蛀、霉烂变质、破损、污染等不能再供药用,每批次药品造成经济损失1000元以上的。

5.1.1.4 销售药品出现差错或其他质量问题,并严重威胁人身安全或已造成医疗事故的。

5.1.2 一般质量事故。

5.1.2.1 违反进货程序购进药品,但未造成严重后果的。非违规销售假劣药品,未造成严重后果的。

5.1.2.2 保管、养护不当,致使药品质量发生变化,一次性造成经济损失200元以上的。

5.2 质量事故的报告。

5.2.1 一般质量事故发生后,应在当天口头报告质量管理人员,并及时以书面形式上报质量负责人。

5.2.2 发生重大质量事故,造成严重后果的,由质量管理人员在24小时内上报市食品药品监督管理局，其他重大质量事故应在三天内报告市食品药品监督管理局。

5.3 质量事故处理。

5.3.1 发生事故后，质量管理人员应及时采取必要的控制、补救措施。

5.3.2 质量管理人员应组织人员对质量事故进行调查、了解并提出处理意见，报企业负责人，必要时上报区食品药品监督管理局。

5.3.3 质量管理人员接到事故报告后，应立即前往现场，坚持"三不放过"的原则，即事故的原因不清不放过；事故责任者和员工没有受到教育不放过；没有整改措施不放过。了解掌握第一手资料，协助各有关部门处理事故，做好善后工作。

四、收集和查询质量信息管理制度

1 目的：确保质量信息传递顺畅，及时沟通各环节的质量管理情况，不断提高工作质量和服务质量。

2 依据：《药品经营质量管理规范》。

3 适用范围：适用于本企业所有质量信息的管理。

4 责任：质量管理人员对本制度的实施负责。

5 内容如下。

5.1 质量管理人员为企业质量信息中心，负责质量信息的收集、分析、处理、传递与汇总。

5.2 质量信息的内容主要包括：国家最新颁布的药品管理法律、法规及行政规章；国家新颁布的药品标准及其他技术性文件；国家发布的药品质量公告及当地有关部门发布的管理规定等；供应商质量保证能力及所供药品的质量情况；质量投诉和质量事故中收集的质量信息。

5.3 质量信息的收集方式。

5.3.1 质量政策方面的各种信息：由质量管理人员通过各级药品监督管理文件、通知、专业报刊、媒体及互联网收集。

5.3.2 企业内部质量信息：由各有关岗位通过各种报表、会议、信息传递反馈单、谈话记录、查询记录、建议等方法收集。

5.3.3 质量投诉和质量事故的质量信息：通过设置投诉电话、顾客意见簿、顾客调查访问等方式收集顾客对药品质量、服务质量的意见。

5.4 质量信息的收集应准确、及时、适用，建立质量信息档案，做好相关记录。

5.5 质量管理人员应对质量信息进行评估，并依据质量信息的重要程度进行分类，并按类别交予相关人员进行存档和处理。

五、记录和凭证管理制度

1 目的：为保证质量工作的规范性、可跟踪性及完整性，保证企业质量体系的有效性及药品与服务所达到的水平，特制定本制度。

2 依据：《药品管理法》《药品经营质量管理规范》。

3 范围如下。

3.1 本制度中的记录仅指质量体系运行中涉及的各种质量记录。

3.2 本制度中的凭证主要指购进凭证和销售凭证。

4 职责：门店所有人员对本制度负责。

5 内容如下。

5.1 质量记录、自制凭证的使用和填写人应严格按照操作实际，完整、规范、准确地填写记录中的各项内容，相关责任人员或记录人员签名后，按日期顺序汇总保存。

5.2 凭证填写人员应仔细检查凭证合法性及其填写是否完整、规范，核对票据（凭证）内容与业务实际是否一致，合格无误再在凭证上签字。

5.3 质量记录和票据（凭证）的保管人员应按规定时限妥善保存资料，未规定保存时限的至少保存5年。

5.4 原则上不得改动或自行更换规定的质量记录，确需改动应报质量管理员批准。

5.5 通过计算机系统记录数据时，相关岗位人员应当按照操作规程进行数据录入，并以安全、可靠方式定期备份。

六、企业负责人岗位职责

1 目的：规范企业负责人的经营行为，保证企业质量体系的建立和完善，确保所经营的药品的质量符合法定的标准。

2 依据：《药品经营质量管理规范》。

3 适用范围：适用于企业负责人。

4 责任：企业负责人对本职责的实施负责。

5 工作内容如下。

5.1 组织本企业的员工认真学习和贯彻执行国家有关法律、法规，在"质量第一"的思想指导下进行经营管理，确保企业所有的药品经营活动符合国家法律、法规的要求。

5.2 合理设置并领导质量管理人员，支持并保证其独立、客观地行使职权，在经营与奖惩中落实质量否决权。

5.3 积极支持质量管理人员工作，经常指导和监督员工，严格按GSP要求来规范药品经营行为，严格企业各项质量管理制度、岗位职责、工作程序规范、记录表格的执行和落实。

5.4 定期对企业的质量工作进行检查和总结，听取质量管理人员对企业质量管理的情况汇报，对存在问题采取有效措施改进。

5.5 指导质量管理人员、营业员及其他各岗位人员，依据各岗位人员的报告和管理记录，确认是否正确进行了相应的管理。

5.6 组织有关人员定期对药品进行检查，做到账、货、物相符，质量完好，防止药品的过期失效和变质，以及差错事故的发生。

5.7 创造必要的物质、技术条件，使经营环境、储存条件达到药品的质量要求。

5.8 做好人员工作职责及班次的组织安排。

5.9 人员关系的维护和协调；增进团结，提高企业员工的凝聚力。

5.10 重视顾客意见和投诉处理，主持重大质量事故的处理和重大质量问题的解决和质量工作的改进。

5.11 努力学习药品经营的有关知识，不断收集新信息，提高自身及企业的经营管理水平，重视员工素质的训练与培养。

5.12 熟悉药品管理法规、经营业务和所经营药品的知识。

七、处方审核人员岗位职责

1 目的：规范处方审核人员的行为，保证处方药销售的合法性。

2 依据：《药品经营质量管理规范》。

3 适用范围：适用于处方审核人员。

4 责任：处方审核人员对本职责的实施负责。

5 工作内容如下。

5.1 负责药品处方内容的审查及所调配药品的审核并签字。

5.2 负责执行药品分类管理制度，严格凭处方销售处方药。

5.3 对有配伍禁忌或超剂量的处方，应当拒绝调配、销售。

5.4 指导营业员正确、合理摆放及陈列药品，防止出现错药、混药及其他质量问题。

5.5 营业时间必须在岗，并佩戴标明姓名、执业药师职称等内容的胸卡，不得擅离职守。

5.6 为顾客提供用药咨询服务，指导顾客安全、合理用药。

5.7 对销售过程中发现的质量问题，应及时上报质量管理部门。

5.8 对顾客反映的药品质量问题，应认真对待、详细记录、及时处理。

八、计算机系统的操作和管理操作规程

1 目的：通过制定计算机系统的操作和管理操作规程，有效控制计算机系统的操作和管理符合质量规定的要求。

2 依据：《药品管理法》《药品经营质量管理规范》。

3 适用范围：适用计算机系统的操作和管理全过程。

4 责任者：门店验收、养护、收银等相关人员。

5 内容如下。

5.1 门店各岗位人员，根据各自的用户名和密码身份确认信息，登录计算机系统，在权限范围内录入或查询数据，未经批准不得修改数据信息。

5.2 进入系统后各岗位人员根据公司培训的操作方法，进行规范操作。

5.3 验收人员负责验收的系统全套工作；收银员负责系统总全套工作；养护人员负责系统中养护全套工作。

九、不合格药品处理操作规程

1 目的：通过制定不合格药品处理操作规程，有效控制门店不合格药品处理操作和管理符合质量规定的要求。

2 依据：《药品管理法》《药品经营质量管理规范》。

3 适用范围：适用不合格药品处理管理全过程。
4 责任者：门店质量负责人、养护员、验收员、营业员。
5 内容如下。

5.1 药品验收过程中发现有疑问的品种，报门店质量负责人，由门店质量负责人对有疑问的品种进行确认判断，确认为不合格品种，直接拒收，退回公司统一处理，确认为合格的品种，验收入库正常销售。门店质量负责人不能确认的报公司质量部门，由公司质量人员进行确认判断，并将品种移入待处理区，确认为不合格的，退回公司总部不合格库，由公司统一处理，确认为合格的，由门店验收入库，正常销售。

5.2 药品养护和销售过程中发现有疑问品种，下架移入待处理区，报门店质量负责人确认，确认为不合格的品种，将品种移入不合格区，退回公司统一处理，确认为合格的，上架销售。门店质量负责人不能确认的，报公司质量管理部门，由公司质量人员进行确认，确认为不合格的，退回公司总部，统一处理，确认为合格的，上架销售。

第三节　药店成本管理

一、控制人事成本

一般来说，零售企业的成本主要来源于商品成本、运营成本和财务成本3个方面，其中运营成本按可控程度又可分为可控费用和不可控费用，而可控费用是指人事成本、基础设施费用等。就运营成本的占比来看，对零售药店成本控制形成最大压力的，分别是房屋租金及人事费用。因为人事成本具有比较大的可控性，也就成为了零售企业运营成本控制的重要工作内容。

1. 人事成本的构成

人事成本由人力资源取得成本、开发成本、使用成本、离职成本4部分构成。如表4-2所示。

表4-2 人事成本的构成

序号	类别	具体说明
1	取得成本	即企业在招募和录取员工的过程中发生的成本,主要包括招聘、选择、录用和安置等各个环节所发生的费用
2	开发成本	人员在招聘回来之后,尤其是药店店长、店员这类岗位,对专业通常有比较高的要求,也就意味着刚招聘进来的员工一般不能直接投入工作,而是要经过专业技能培训,其中包括医药专业知识、荐药技能、销售技能等,于是就产生了人力资源开发成本
3	使用成本	当店长、店员正式上岗之后,便自然会产生人力资源使用成本,其中又包括工资、奖金、津贴、补贴、社会保险费用、福利费用、劳动保护费用、住房费用、工会费、存档费和残疾人保障金等
4	离职成本	别以为人员离职之后就一了百了,即便是员工离开也一样会产生成本,因为企业在员工离职时还可能支付给员工离职津贴、一定时期的生活费、离职交通费等费用

2.控制人事成本的措施

在实际成本控制的过程中,某些企业因为对人事成本的片面理解,往往在人事成本的控制中,单纯地进行薪资调整和福利压缩,表面上看是降低了人事成本的支出,实则降低了员工的满意度和积极性,最终导致员工工作效率的下降、优秀员工和关键岗位流失率的增加,反而导致人事成本的增加。所以,药店经营者在人事成本控制方面应强化图4-4所示的内容。

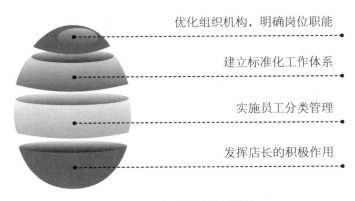

图4-4 人事成本的控制措施

(1)优化组织机构,明确岗位职能。依据企业不同发展阶段的具体要求,进行人力资源预算和规划,并对组织结构进行优化,明确岗位职能,避免人浮于事和机构臃肿的现象。其实提升药店店长、店员的工作效率，也是一种降低成本的绝佳方式。试想，如果每个店员各司其职，人员岗位也就不会有虚职，自然就提高了成本使用率。

（2）建立标准化工作体系。目前，尤其是连锁药店，对标准化强调得更为频繁，因为标准化的工作体系以及标准化营销工具的开发，能降低对"岗位人"的要求，即按照标准，"生手"也能达到"熟手"一样的工作水准，从而拓宽选择面，降低店长、店员招聘成本。

另外，标准化本身就是最好的培训，并能强化各种内部培训的效果，降低人力资源开发成本。

最重要的是，标准化本身就是正确的工作方法，所以能减少工作错误或工作失误的产生，在一定程度上降低人力资源使用成本中的错误事故成本。

（3）实施员工分类管理。结合零售药店企业自身的人力结构和人力变动分析情况，实施员工分类管理。具体措施如图4-5所示。

图4-5　实施员工分类管理的措施

（4）发挥店长的积极作用。门店店长在人事成本的控制中，也应该发挥积极的作用，并从表4-3所示的两个方面来进一步完善人事成本的控制。

表4-3　店长完善人事成本控制的措施

序号	措施	具体说明
1	注重人效，合理编制	店员人效低、门店编制臃肿本身就是造成人力资源成本居高不下的原因，所以门店编制的制定更应该结合人效（人效是指零售店定编人数和营业额之间的关系，以人均销售额为依据）的情况来进行衡量，以更具门店人效的安排来优化门店人员编制；再则，门店店长还应该协助人效较低的员工来增进能力、改良工作方法、推进标准化的执行，提升低效员工的实际工作效率，降低人力资源使用成本
2	注重沟通，凝聚团队	门店店长是门店团队建设的第一责任人，应强化沟通能力和团队凝聚力，优化工作氛围、稳定团队、凝聚人心，降低门店人员流动率，从而保证在较高的人力资源使用成本情况下，减少人力资源离职成本

二、控制采购成本

在药店总成本中,采购成本占据重要部分,通常占药店总成本的70%以上。减少采购成本,不但可以降低药店现金流出,同时也能减少药店总成本,提升药店总体效益,甚至可以有效提高药店综合实力。因此,药店需要加强对采购环节成本管理,其措施如图4-6所示。

图4-6 采购成本控制措施

1. 合理选择药品类型

好的药品作为药店运营根本所在,要想选择既可以给药店创造更高效益,同时也能得到顾客信赖的药品,就需要对药品种类加以科学管理,从而全面提升药店销售业绩。

结合药品的知名度以及毛利率,可将其划分为图4-7所示的3种类型。

图4-7 药品的分类

(1)集客类药品。集客类药品主要指消费者带有目的性进行药品采购,或者药店经营过程中需要普及的药品类型,该类型药品作为维护药店运营的重要因素,即便不能给药店创造直接效益,但是一旦缺货,必将会给药店客流量的增加带来直接影响。所以,药店不可过于轻视该类型药品在门店销售中的地位,否则将会造成客流量大量流失,甚至影响药店今后运营和发展。

(2)高毛利药品。高毛利药品则是指药店自营产品,比如从各个联盟采购而来的品牌厂家二线药品等。高毛利药品作为药店进行差异化运营的主要产品之一，可以有效保证药店获取理想的效益，业内人士普遍认为药店60%以上的收益来源于高毛利产品。

（3）偶尔购买药品。偶尔购买药品也就是指消费者偶尔采买，但是药店又无法正常核算其销售量的临床新特药品。针对偶尔购买药品而言，药店应该保证做到有库存，但是不等同于不采购该药品。

药店采购药品过程中，要想减少采购成本投放，可以结合不同类型的药品着重分析和采购，真正实现集客药品、高毛利药品、偶尔购买药品采购占比不同，实现药品组合优化，从而实现盈利。

2. 建设紧急供货机制

好的供应商作为药店正常运营的依据，药店需要适当改变传统的供应商交易关系，可寻找新的途径和方向，建设联盟战略伙伴关系。通常情况下，在创建联盟关系时，药店需要从图4-8所示的4个方面进行。

图4-8　创建联盟关系的流程

通过上述科学、规范的流程，明确联盟商，寻找和供应商构建战略合作关系，强化供应商关系管理，双方合作基本在于相互帮助的同时增强彼此在市场竞争中的竞争优势，实现双赢。具体战略如图4-9所示。

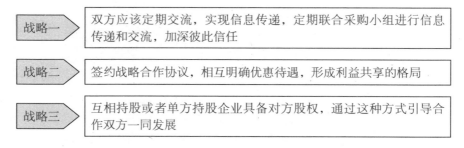

图4-9　强化供应商关系管理的战略

3. 优化药店采购管理模式

药店要想实现稳定发展，减少采购成本，获取更高的效益，可以通过优化药店采购管理方式，由供应商进行采购管理，及时掌握各个药店销售业绩和库存情况，主动配送货物。通过这种方式，能够让药店从采购中脱离，把工作重心放置在销售上。利用该模式，转变连锁药店采购格局，给其创造更好的效益。

三、控制费用

费用控制是任何企业向管理要效益、向内拓展利润的一个必然措施。与轰轰烈烈的销售大战不同，费用控制有些"润物细无声"，但其对利润的贡献却更为显著，我们所节约的每一笔费用都将直接形成企业的净利润。"利润"是左右企业最终发展动力的决定因素，因此企业在强调"开源"的同时，不可放松对"节流"的关注。

按不同的标准，可将费用分为不同的种类。具体如图4-10所示。

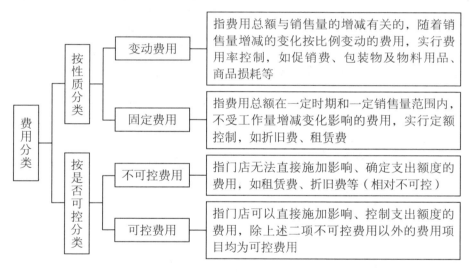

图4-10 费用的分类

1. 租赁费用的控制

（1）选择合适的物业类型。按照租金的从高到低，物业系统大致分为商场店、街边店、物业店和社区店。从流量结构方面来看，街边店和社区店依赖线下人流量，商场店依赖场内人流量，而位于高层的店铺则比较依赖线上流量。本质上不同类型的生意，需要不同的物业类型。

（2）签订长期的租赁合同。在新店选址时，可以考虑与开发商洽谈签订5～10年的长期租赁合同，因为这样比签订短期合同要划算得多。有的物业出租方还可以同意租赁方按季度支付租金,甚至于有的物业出租方还愿意为租赁方减免一部分装修费用,但这一切的要求都必须要经营者自己跟对方去谈,才能达到节流的目的。

(3)将自身影响力变现,采用整体租入,部分转租或分租的方式降低租金成本。可把卖场外的区域分租给快餐、茶饮等商户,分租一部分场地,这样既可节约租赁费,又可增加客流。

2. 员工薪酬的控制

员工薪酬包含人员工资、奖金、社会保险等费用。人力成本为门店费用的重点,应根据门店实际情况,合理配置人员,杜绝人浮于事,要培养适应多岗合并的多面手。店长应根据门店情况安排当班人员,进行科学排班。在积累一定数据,并找出规律后,合理排班以确定最终编制。凡在法定节假日加班的员工,原则上按加班日予以等量换休,不建议大规模安排加班,以控制加班费用的支出。

3. 水电费的控制

(1)门店店长应根据门店的亮度,选择开关照明灯。
(2)按要求使用空调。
(3)根据门店的灯具功率与空调的功率,计算出日用电量,发现异常及时解决。
(4)水电费属进项税额可予抵扣的项目,店长应每月及时到电力局、自来水公司开具税票,以免税额未抵而多交增值税。联营柜、租赁柜的水电应单独装表,并加大收取力度。

4. 卫生消防费用的控制

卫生消防费包括门店的清洁费、灭鼠费、消防费等,即指工商、环保、城管、质监局、劳动局、卫生疾控、计量检测所、消防及各类协会等职能部门收取的事业性收费。事业性收费额度弹性大,存在较大的协调空间,门店经营者应在充分了解本地实际情况的基础上,争取最大限度上压缩此类费用支出。

5. 广告销售费用的控制

广告销售费用是指专门用于门店促销活动的支出,如买赠费用、促销赠品等。如果是连锁药店,此类赠品可由总部统一购买,不要单店购买,大批采购当然比单一购买更实惠。针对可开具增值税发票的赠品供应商,必须要求提供增值税发票。

促销费用的控制方法如图4-11所示。

图4-11 促销费用的控制方法

6.物料费

物料费是指用于门店布置的横幅、气球、喷绘写真、橱窗布置、吊挂、花卉、装饰品、招牌制作、发光字体制作、POP、节庆店堂装饰用品等费用。物料费的控制方法如图4-12所示。

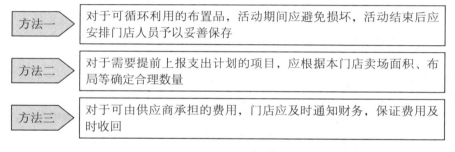

图4-12 物料费用的控制方法

7.维修费

门店负责人应在维修单据上签字认可,注明门店名称、维修时间、维修项目、维修数量、金额、店长的签名等,财务部据此支付维修费用。作为老板、店长一定要了解行情,签名前要注意查看维修项目与金额是否匹配。

四、树立节约意识

1.实行无纸化办公,减少资源浪费

互联网信息技术的发展,特别是微信群、QQ群等的出现,不但使中小企业管理者与外界的交流更加密切了,同时还可以让总部与门店的联络变得更加及时、有效,从而为企业节省去一大笔可观的电话费、传真费及耗材费。当然有条件的连锁门店,也可以自行建立OA现代通信办公系统,因为这样企业的信息安全性会更高。

2. 尽量避免损耗，减少商品浪费

药店应建立相应的预警和处理机制，要求门店及时将近效期和滞销品种上报给总部，由总部协调给其他适销门店销售。总部将滞销的和近效期的品种调拨到其他门店后，还应安排专人负责促销，调整这些"问题"品种的货架位置和陈列面，并适当给予一定的促销支持。

3. 强化绩效管理，避免人力成本浪费

绩效考核是药店管理之本，越是在经济低迷时期，越是要加强对店员的考核，并合理配比好来客数、销售额与毛利额等考核指标的关系。此阶段药店应暂时放弃追求"高毛利"，转而降低毛利率，以拉动销售额增长为主要目标，才能使药店顺利度过经济危机。

此外，及时精简去一些工作态度不端正且缺乏进取精神的员工，逐步提高骨干人员的薪资待遇，并联合厂商资源加强对员工的培训力度，以提高员工的专业水平和营销技巧，把业务做好，对企业来说，也是一种节流方式。

> **开店秘诀**
>
> 为了保证节约能落到实处，药店还应该鼓励所有的员工从"点滴做起"，树立节流意识，省却对经营没有帮助的开支。

第四节 药店安全管理

为了给顾客一个安全的购物环境，保护门店及顾客与员工的生命财产安全，门店应做好安全管理，并及时发现或解决存在的安全隐患，做好安全防护措施。

一、环境安全的管理

购物环境的安全与否对人员安全管理有极大的影响，如果管理得很好，员工和顾客的安全就有了一个良好的保证。

1. 溢出物管理

溢出物一般是指地面上的液体物质，如污水、饮料、黏稠液体等。溢出物无论在卖场的任何地方，都必须立即清除。

卖场销售区域的溢出物处理程序如图4-13所示。

第一步	任何员工在发现溢出物时，都有责任进行处理，首先守住区域，请求帮助
第二步	守住溢出物后，不要让顾客和其他人员经过这一区域，及时用正确的方法进行处理
第三步	清理完毕后，如地面未干，请放置"小心地滑"的警示牌

图4-13 溢出物处理程序

开店秘诀

如溢出物属于危险化学品或专业用剂，必须以正确的方式予以清除，必要时需要专业人员的帮助。溢出物正确清理是为避免不必要的滑倒和人身伤害。

2. 垃圾管理

垃圾是指地面上的货物、废弃物。卖场的垃圾主要指纸皮、废纸、塑料袋等。垃圾管理要求如图4-14所示。

 垃圾无论在卖场的任何地方，都必须立即清除

 看见卖场有垃圾，任何员工都有责任将一张纸皮、一块纸屑或一小段绳子拾起，放入垃圾桶内。垃圾及时处理是为了保持干净的购物环境，减少不安全的因素

图4-14 卖场垃圾管理要求

3. 障碍物管理

障碍物是指与购物无关、阻碍购物或存放不当的物品。如在消防通道的梯子、销售区域的货箱甚至散落在通道上的卡板、商品等，都是障碍物。

障碍物正确处理是消除各种危险、不安全的因素，使物品摆放在应有的区域而不脱离员工的控管范围。

第四章 药店日常管理

4. 商品安全管理

它主要是指商品陈列的安全。不仅指商品是否会倒、掉落等，也包括价格的标识牌是否安全可靠。货架的陈列用一定的陈列设备进行防护，堆头陈列的高度有一定的限制和堆积技巧，使其稳固。货架的商品库存存放必须符合安全标准。

二、全方位防盗管理

1. 店铺失窃的形式

店铺失窃的常见形式如表4-4所示。

表4-4 店铺失窃的形式

序号	形式	具体内容
1	暗度陈仓	随身隐藏，这种现象比较常见，将商品隐藏在衣服内带走，一般会穿比较宽松的衣服，比如夹克、大衣等
2	移花接木	将低价商品的条形码更换到高价商品上
3	偷梁换柱	将高价商品装入低价商品的包装内，以低价商品的价格结账
4	蒙混过关	将商品隐藏到隐蔽处的商品内，比如将小件商品藏到大件商品内，只结算大件商品
5	监守自盗	店内员工偷窃

2. 陈列防盗

利用陈列防盗，门店可以采取以下措施。

（1）最容易失窃的商品不应放置在靠近出口处，因为那里人员流动大，店员不易发现或区分偷窃者。

（2）采取集中的方式，把一些易丢失、高价格的商品集中到店铺一个相对较小的区域，形成类似"精品间"的购物空间，非常有利于商品的防窃。

（3）将店铺的陈列整理得整齐有序，会让偷窃者产生心理上的压力。

3. 人员防盗

人员防盗也是店铺使用比较普遍的一种防盗方式。

（1）明快地喊一声"欢迎光临"，使气氛变得明朗。

（2）经常注意顾客的动向，如有鬼鬼祟祟的人，则走近一点让他知道旁边有人。

（3）顾客经过时，说声"您好"，微笑或以目光示意，以此建立与顾客的联系。

（4）如果有顾客在柜台前徘徊已久，可以上前询问他（她）是否需要帮忙。
（5）注意那些天气暖和却穿着大衣或夹克的人。
（6）注意顾客携带的物品尤其是当这些物品显得"反常"时。

如果发现某人有偷盗行为时，不要让这个人从视线中溜走，尽力记住所藏匿的商品，让另一个员工把所看到的情况告诉店主，继续观察这个偷窃者。收银员接到通知后，在这位顾客结账付款时，可以客气地问一声："还有没有其他什么商品要核算的？"如果他没有讲话就过去了，则马上报告店主。

4. 技术防盗

技术防盗是应用先进的电子技术，对防范目标实施管理控制的一种防范手段。大量事实已证明，对重点目标、重点单位和场所仅采用传统的"人防""物防"手段来进行安全防范工作是很不完善的，必须配合以现代化的安全防范技术系统。目前，适合在门店使用的安全防范技术主要有电子商品防盗技术系统、电视监控技术系统和入侵探测与报警技术系统，每个系统都可独立运行，也可互相结合在一起。

（1）营业时间的技术防范。门店在营业时间时的技术防范手段一般是充分利用电子商品防盗系统并辅助以电视监控技术系统。与电子商品防盗系统相比，电视监控系统虽并不直接捉拿窃贼，但它能帮助管理人员直观了解监视门店内发生的情况，发现可疑的事件，并且对有盗窃企图者可起到威慑阻吓作用。同时，电视监控系统还可以发现内贼，并能记录事件的发生过程，作为事后追查取证的证据。在营业时间内应重点保证对表4-5所示场所的实时监控录像。

表4-5 营业时间应重点防范的场所

序号	防范场所	具体说明
1	货架监控	门店的最大特点是顾客可以自己选择喜爱的商品，最后到出口处付款，满足了顾客自由选择的需求。利用远程视频监控系统，通过在天花板等地点安装的摄像头可以方便地监控众多的货架，以查看门店内是否有偷窃行为
2	收银台监控	收银台是最容易与顾客发生摩擦的地方，利用远程视频监控系统，通过在收银台安装的摄像头，就可以监控收银台的员工与顾客的交流情况，看员工是否礼貌待客，这样就能很好地处理与顾客的纠纷，提高门店的服务水平
3	人流监控	每天的下班时间和周末往往是门店人流比较多的时候，门店必须根据人流情况做出适当的安排，进行人流的疏导，以避免因人多而发生的意外。利用远程视频监控系统，能使门店及时了解顾客数量的情况，据此进行疏导等必要的工作

（2）非营业时间内技术防范。门店总有下班的时候，此时门店中货物安全的技术防范方案应为入侵报警技术系统和电视监控技术系统。

入侵报警技术系统是在易发生盗窃部位及窃贼进出高频区域安装入侵探测器，根据报警方式（有线报警、无线报警或警灯报警、铃声报警等）及实际情况可以有选择地安装合适的入侵探测器，比较常用的是开关式探测器，主要安装部位是门、窗、换气窗、垃圾通道等；在贵重物品区域应安装空间控制类型的入侵探测器，如多普勒微波探测器、被动红外探测器、双技术探测器等；在主要通道、楼梯、外墙窗户等处可考虑安装红外光栅探测器等。入侵报警技术系统可起到可靠的入侵探测报警作用，一旦窃贼进入警戒区，可立即被发现并报警。

开店秘诀

> 不同的安全防范技术系统各有其长处和缺点，门店应根据自身的运营方式、建筑物结构因地制宜、合理地组合使用才能收到良好的防盗效果，同时还要注意实行"人防""物防""技防"相结合，形成"三位一体"的防范布局，才能确保门店安全。

5. 安排防损员

对于大型门店，可以在出入口处安排身穿制服的防损员，效果较好；在卖场内部，可以安排穿便衣的防损员进行巡逻。便衣防损员和顾客在一起，顾客一般很难辨别其身份，这样既不会让顾客产生被监视的感觉，同时又保证安全。

另外，门店内盗管理也应该加大力度。有的店铺管理者一想到防盗，就认定防的是消费者，其实店铺的防盗管理应双管齐下，既注意有不良行为的消费者，也要防范员工偷盗的发生。

三、消防安全管理

1. 消防标志

消防标志是指店铺内外设置的有关消防的标志，如"禁止吸烟""危险品""紧急出口""消防设备"等。门店应要求全体员工熟记消防标志。

2. 消防通道

消防通道是指建筑物在设计时留出的供消防、逃生用的通道。门店应要求员工熟悉离自己工作岗位最近的消防通道的位置。消防通道必须保持通畅、干净，不得堆放任何杂物堵塞通道。

3. 紧急出口

紧急出口是店铺发生火灾或意外事故时，需要紧急疏散人员，以最快时间离开店铺时使用的出口。

（1）员工要熟悉离自己工作岗位最近的紧急出口位置。

（2）紧急出口必须保持通畅，不得堆放任何商品杂物。

（3）紧急出口不能锁死，只能使用紧急出口的专用门锁关闭；紧急出口仅供紧急情况使用，平时不能使用。

4. 消防设施

消防设施是指用于火灾报警、防火排烟和灭火的所有设备。消防器材是指用于扑救初期火灾的灭火专用轻便器材。店铺主要的消防设施如表4-6所示。

表4-6 店铺主要消防设施

序号	消防设施	具体说明
1	火灾警报器	当发生火灾时，门店的警报系统则发出火警警报
2	烟感、温感系统	通过对温度、烟的浓度进行测试，当指标超过警戒时，则烟感、温感系统会发出警报
3	喷淋系统	当火警发生时，喷淋系统启动，则屋顶的喷淋头会喷水灭火
4	消火栓	当火警发生时，消火栓的水阀打开，喷水灭火
5	灭火器	当火警发生时，使用灭火器进行灭火
6	防火卷闸门	当火警发生时，放下防火卷闸门，可以隔离火源，阻止烟及有害气体蔓延，缩小火源区域

开店秘诀

在划定的消防器材区域内，不能陈列、促销商品，更不能随意在消防器材上休息或置放物品。保持消防器材区域内的通畅，严禁以任何理由阻挡、遮拦、装饰、侵占、利用、拆除消防设施及消防标识。

5. 监控中心

监控中心是门店设置的监控系统的电脑控制中心，控制门店消防系统、保安系统、监视系统。监控中心通过图像、对讲系统，能24小时对门店的各个主要位置、区域进行监控，第一时间处理各种紧急事件。

6. 紧急照明

在火警发生时，店铺内的所有电源关闭，应急灯会自行启动。

7. 火警广播

当火警发生时，无论是营业期间还是非营业期间，都必须进行火警广播，通知顾客或员工，稳定情绪。

 **相关链接**

消防设施的日常管理

（1）店铺中所有的消防报警设施、消防器材必须建立档案登记，包括消防器材在店铺中的分布图，需留档备案。

（2）要对店铺所属的消防报警设施、灭火器材进行管理，负责定期检查、试验和维护修理，以确保性能良好。

（3）除每月检查外，在重大节日前，要对场内所有的消火栓、灭火器等器材、装备进行特别检查和试喷，并在器材检查表上进行签字确认。

（4）员工要对本区域内设置的消防器材进行管理和定期维护，发现问题要及时上报。

（5）严禁非专业人员私自挪用消防器材，消防器材因管理不善而发生丢失、损坏，相应员工应承担一定责任或经济损失。

（6）消防器材放置区域不能随意挪动或改作商品促销区域。

（7）禁止无关人员动用消防设备，禁止将消防设备用于其他工作。

（8）消防器材，特别是灭火器，必须按使用说明进行维护，包括对环境和放置的特殊要求。

四、突发事件应急处理

突发事件主要是指如火灾、人身意外、突然停电、抢劫等，突发应急事件的处理是门店的一个重要工作，因为一个安全的购物环境是顾客所必需的。

1. 突发事件的类型

突发事件的类型如表4-7所示。

表4-7 突发事件的类型

序号	类别	具体内容
1	火灾	火灾有一般火灾和重大火灾之分
2	恶劣天气	台风、暴雨、高温等天气
3	人身意外	顾客或员工在店铺内发生人身意外
4	突然停电	在没有任何预先通知下的营业时间内突然停电
5	抢劫	匪徒抢劫收银台或顾客的金钱
6	示威或暴力	由于政治性原因引起的游行示威行动
7	骚乱	店铺内或进出口处发生的骚乱
8	爆炸物	店铺内发现可疑物或可疑爆炸物
9	威胁（恐吓）	店铺受到信件、电话等威胁或恐吓

2. 突发事件应急处理方法

（1）火灾报警。火灾报警程序如表4-8所示。

表4-8 火灾报警程序

步骤	具体内容
火警的级别	（1）根据店铺内的实际情况，暂定三种火警级别：一级火警，即有烟无火；二级火警，即有明火初起；三级火警，即火灾从时间和空间上难以控制 （2）发现火情后，根据现场情况判断火警的级别，并进行相应的处理
火警的报告	（1）店铺中的任何工作人员发现火情，都必须报警 （2）拨打店铺安全部的内部紧急电话或报警电话，如附近无电话、对讲机等通信设备，应迅速到就近的消火栓，按动消火栓里的红色手动报警器向控制中心报警 （3）报警时应说明发生火灾的准确区域和时间、燃烧的物质、火势大小、报警人的姓名身份以及是否有人员受伤等
火警的确认	（1）店主接到消防报警信号后，立即确认报警区域，迅速赶到现场查看，迅速对火警的级别进行确认 （2）一人留现场进行救火指挥工作，如组织人员使用现场消防器材进行扑救，如能将火扑灭，保留好现场，等候有关部门或负责人的到来 （3）如属误报，应及时做技术处理，通知控制中心将报警器复位 （4）如属谎报火警，应将报警器复位，并查找有关人员

（2）灭火程序如下。

——在通知店铺应急处理小组后，立即拨打报警电话"119"。

——小组人员听到消防警报后，应迅速赶到安全部，立即按"突发事件应急处理小组"的编制，确定行动方案，快速行动，各司其职。

——在完成各自的职责后，服从"应急处理小组"的统一指挥和调配，协同配合，进行灭火、疏散、救助工作。

——火灾扑灭后，店主要检讨消防系统的运行情况，迅速查访责任人，查找火灾起因；从技术角度查找火灾起因，通过对机器、数据、资料进行收集分析，由消防安全调查人员撰写正式报告，并根据财产和人员的伤亡情况计算损失，迅速与保险公司进行联系，商讨有关赔偿事宜。

——制定灾后重新开业的工作计划和方案。

（3）台风、暴雨、高温等恶劣天气的处理。店主必须每日关注天气情况，不仅是为了防范恶劣天气带来的灾害，更是提高顾客服务、关注销售的一种体现。通过关注气象部门预报的预警信号来防范恶劣天气。

热带风暴通常伴随着台风和暴雨，在接到热带风暴的预报后，需要做的工作如表4-9所示。

表4-9 热带风暴的应对程序

类别	具体内容
准备工作	（1）将天气预报的告示在员工通道等明显位置贴出 （2）检查户外的广告牌、棚架是否牢固，广告旗帜、气球是否全部收起 （3）检查斜坡附近的水渠是否通畅，有无堵塞 （4）撤销促销活动展位，收起供顾客休息的太阳伞 （5）准备好雨伞袋和防滑垫，在暴雨来临时使用
现场处理	（1）门口分发雨伞袋，铺设防滑垫，入口、出口门关闭一半 （2）保证排水系统良好通畅，下水道不堵塞 （3）密切注意低洼处进水的区域，将商品或物件移走，以防止水患造成财产损失

（4）人身意外事故发生时的应对措施如下。

——当发生意外时，要第一时间报告店主，并办理工伤处理程序中的相关手续。

——如有顾客晕倒、突发疾病等，应立刻组织相关人员进行必要的急救处理，尤其是老年人、残疾人、孕妇及儿童，并迅速拨打急救电话"120"，请派救护车，由员工送顾客到医院就医。

——如有意外伤害、重大伤害时，店主应陪同顾客立即到医院就医，以便更好处理善后赔偿事宜。

（5）营业时间内突然停电。店内突然停电的处理程序如图4-15所示。

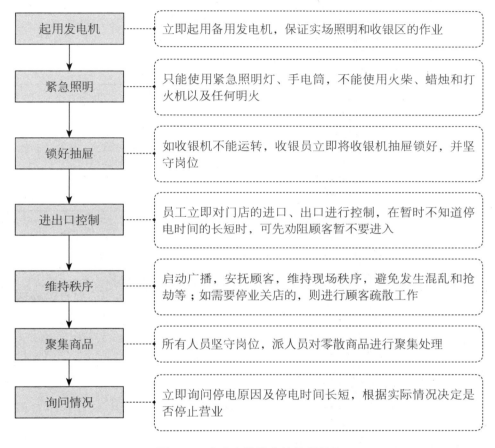

图4-15　店内突然停电的处理程序

开店秘诀

来电后，全店恢复营业，优先整理顾客丢弃的零星商品，并将其归位。及时检查商品品质，将变质商品立即从销售区域撤出，并对损失进行登记、拍照等。

（6）匪徒抢劫收银台。匪徒抢劫收银台的应对措施如表4-10所示。

表 4-10　匪徒抢劫收银台应对措施

人员	应对措施
收银员	（1）保持冷静，不要做无谓的抵抗，尽量让匪徒感觉正在按他的要求去做 （2）尽量记住匪徒的容貌、年龄、衣着、口音、身高等特征 （3）尽量拖延给钱的时间，以等待其他人员的救助 （4）在匪徒离开后，第一时间拨打电话"110"报警 （5）立即凭记忆用文字记录好匪徒的特征及当时的细节 （6）保持好现场，待警察到达后，清理现金的损失金额
其他人员	（1）发现收银台被抢劫，在确保自己安全的情况下，第一时间拨打电话"110"报警 （2）对持有武器的匪徒，不要与其发生正面冲突，保持冷静，在确认可以制胜时，等待时机将匪徒擒获，尽量记住匪徒的身材、衣着、车辆的牌号、颜色、车款等 （3）匪徒离开后，立即保护现场，匪徒遗留的物品，不能触摸 （4）匪徒离开后，将无关的人员、顾客疏散离场，将受伤人员立即送医院就医 （5）不允许外界拍照，暂时不接待任何新闻界的采访

（7）暴力及骚乱的应对措施如下。

①如发现店铺内有人捣乱，店主应立即到现场制止。

②阻止员工和顾客围观，维持现场秩序。

③拨打电话"110"报警，将捣乱人员带离现场，必要时送交公安机关处理。

④对捣乱人员造成的损失进行清点，由警察签字后做汇报。如有重大损害要通知保险公司前来鉴定，作为索赔的依据。

⑤发现任何顾客在店铺内打架，立即到现场制止。

⑥不对顾客的是非进行评论，保持沉着、冷静，要求顾客立即离开店铺。

（8）发现可疑物或可疑爆炸物的应对措施如下。

①发现可疑物后，立即拨打电话"110"报警。

②不可触及可疑物，划出警戒线，不许人员接近。

③疏散店内人员和顾客，并停止营业。

④静待警方处理直至危险解除，再恢复营业。

第五节　药店收银管理

收银工作作为门店与顾客之间进行商品交易的最终环节，在门店的经营管理中显得格外重要。收银工作稍有不慎，都可能给门店、顾客、收银员个人造成损失。

因此，加强对收银工作的管理，对每一个药店来说都是十分必要的。

一、收银服务的基本要求

收银服务具体要求如图4-16所示。

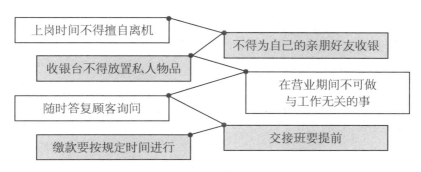

图4-16　收银服务的基本要求

1. 上岗时间不得擅自离机

收银员如确实需要离开时必须要将"暂停收款"牌放在收银台上，用链条将收银通道拦住，将现金全部锁入收银机的抽屉里，钥匙必须随身带走或交上级保管，将离开收银台的原因和回来的时间告诉临近的收银员。

 开店 秘诀

> 收银员离开收银机前，如还有顾客等候结算，不可立即离开，应以礼貌的态度请后来的顾客到其他的收银台结账。

2. 不得为自己的亲朋好友收银

这样做可以避免不必要的误会和可能产生的不道德行为，如收银员利用收银职务的方便，以低于原价的收款登录至收银机，以门店利益来满足自己私利，或可能产生内外勾结的"偷盗"现象。

3. 收银台不得放置私人物品

由于收银台上随时都有顾客退货的商品和临时决定不购买的商品，如私人物品也放在收银台上，容易与这些商品混淆，造成他人误会。

4. 在营业期间不可做与工作无关的事

要随时注意收银台前和视线所见的卖场内的情况，以防止和避免不利于卖场的异常现象发生。

5. 随时答复顾客询问

收银员要熟悉商品的位置、变价商品和特价商品，以及有关的经营状况，以便顾客提问时随时作出解答。

6. 交接班要提前

交接班时，要求接班人员提前15分钟到岗，由上午班员工清点备用金给下午班员工，办好交接手续。

7. 缴款要按规定时间进行

由于零售业收银员大多数是轮班制，因此缴款要按规定时间进行。

二、扫描作业

扫描是收银的基本步骤，收银员要做好扫描工作，同时按不同情况处理好扫描例外，使所有商品都能够得到准确地扫描。

1. 接过商品

收银员要快速、稳定地接过商品，避免摔坏。

2. 开始扫描

开始扫描时，要达到图4-17所示的要求。

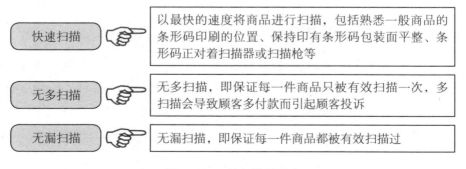

图4-17 开始扫描的要求

3. 扫描失效处理

当发现扫描失效时，按表4-11所示的方法处理。

表4-11　扫描失效处理方法

序号	常见现象	原因	处理措施
1	条码失效	（1）条码损坏、有污渍、磨损 （2）条码印刷不完整、不清楚	（1）在同样的商品中找到正确的商品条码，用手工扫描方式解决 （2）条码重新计价印刷
2	条码无效	（1）编码可能错 （2）条形码重复使用或假码	（1）核实商品的售价，以价格销售的方式售卖 （2）将例外情况记录，并跟踪解决
3	多种条码	（1）商品的包装改变，如买一送一 （2）促销装商品的赠品条码有效	（1）核实正确的条码 （2）跟进所有的非正确条码，必须予以完全地覆盖
4	无条码	（1）商品本身无条码、自制条码脱落 （2）商品条码丢失	（1）找出正确的条码，用手工扫描 （2）跟进剩余商品的条码检查

三、消磁作业

收银员消磁时，要以快捷的速度将每一件已经扫描成功的商品进行消磁，保证每一件商品都经过消磁且消磁成功，包括熟悉商品消磁的正确方法和有效的消磁空间，掌握重点消磁的商品。进行硬标签手工消磁时，不能损坏商品，应轻取轻拿。消磁例外处理措施如表4-12所示。

表4-12　消磁例外处理措施

序号	名称	原因	处理措施
1	漏消磁	商品未经过消磁程序	（1）商品必须经过消磁程序 （2）重新消磁
2	消磁无效	商品消磁的方法不正确，超出消磁的空间	（1）结合消磁指南，掌握正确的消磁方法 （2）特别对软标签的商品予以熟记 （3）重新消磁

> 正确地消磁是非常重要的，否则容易引发误会，引起顾客的不满，而且增加了收银稽核人员的工作量与工作难度。妥善地处理好消磁例外是收银管理人员的职责之一。

四、装袋作业

顾客购买商品后，如果需要装袋，收银员应为其做好装袋工作，装袋时要注意将商品分类并排列整齐，避免损坏。

1. 正确选择购物袋

如果顾客并未自带购物袋，要求购买购物袋，一定要正确选择购物袋。购物袋尺寸有大小之分，根据顾客购买商品的多少来选择合适的购物袋。当然在限塑的情况下，最好问明顾客需要哪号袋，并且告知对方该袋的价格。

2. 将商品分类装袋

商品分类是非常重要的，正确科学地分类装袋，不仅能提高服务水平、增加顾客满意度，还能体现尊重顾客、健康环保的理念。

3. 装袋技巧

掌握正确的装袋技巧，做到又快又好，既避免重复装袋，又达到充分使用购物袋、节约成本、使顾客满意的效果。具体如图4-18所示。

技巧一	考虑商品的易碎程度，易碎商品能分开装最好，不能分开的则放在购物袋的最上方
技巧二	考虑商品的强度，将罐装类商品放在购物袋的底部或侧部，起到支撑的作用
技巧三	考虑商品的轻重，重的商品放下面，轻的商品放上面
技巧四	考虑商品的总重量不能超出购物袋的极限，商品的总体积不能超出购物袋，如果让顾客感觉不方便提取或有可能超重，最好分开装或多套一个购物袋

图4-18　商品装袋的技巧

4. 例外处理措施

当出现例外情况时，请按表4-13所示的方法处理。

表4-13 装袋例外处理措施

序号	原因	处理措施
1	商品过重	分开多个购物袋或多套一个购物袋
2	不能装袋	向顾客解释因所购商品大小问题，不能装袋
3	袋子破裂	去掉破裂袋子，重新包装

五、收款作业

1. 现金收款

接受顾客付款时，必须以合适的音量说"收您××元"，此为唱收原则。点清所收的钱款时，必须将正确金额输入收银机中。无论是现金、银行卡，还是移动支付等形式的付款，都必须在收银机上选择正确的付款键输入。接受现金付款时，必须对现金进行真假的识别。

不同面值的现金必须放入银箱规定格中，不能混放或放错位置。银行卡单及有价证券不能与现金混放。

2. 自助机结账

由于移动互联网的快速发展和支付形式的多样化，现在有很多大型门店已经实行了顾客自助结账，这样不但可以加快结账的速度，也可以省掉人工成本。但门店在使用自助收款机时，也应安排专人在旁边进行指导和帮助。

第六节 顾客服务管理

药店行业已步入精细化管理的时代，而在精细化管理中，服务是影响顾客购买行为的直接因素之一。对于药品零售企业来说，服务的价值占据着更重要的地位，顾客离开我们，多数原因不是因为商品与价格，而是服务。

一、顾客服务的重要性

顾客服务是指一种以客户为导向的价值观，它整合及管理在预先设定的最优成本——服务组合中的客户界面的所有要素。简单来讲，任何能提高顾客满意度的内容都属于顾客服务的范围之内。

具体来说，顾客服务的重要性体现在图4-19所示的3个方面。

服务是现代企业的核心竞争武器和形成差异化的重要手段，在现代企业标准化程度增强、差异逐渐消失、附加价值较小的情况下，企业唯有通过加入服务要素寻求更大差异化，增加自身的产品附加值

良好的顾客服务是降低顾客流失率和赢得更多新顾客的有效途径

提供良好的顾客服务能促进企业利润持续增长，而且能够有效巩固现有的顾客，赢得更多的新顾客，提高顾客的忠诚度；持续稳定的客流制造大量重复购买机会，从而促使企业的销售额稳步增长

图4-19　顾客服务的重要性

二、顾客服务分类

1. 按销售过程所处阶段区分

按销售过程所处阶段区分，顾客服务可分为表4-14所示的3类。

表4-14　按销售过程所处阶段区分顾客服务

序号	所处阶段	具体说明
1	售前服务	售前服务是指来客未成为顾客之前的服务。站在顾客角度，售前服务应包括测量血压血糖、健康信息咨询互动、社区公益活动，以及门店空调、免费饮用水、年长者座椅等人文关怀；站在药店角度，即开始营业前的准备工作，包括价格签更新、补货及时、陈列安全、环境卫生达标、提供购物篮、了解产品知识，甚至店员仪容仪表及个人状态等
2	售中服务	售中服务是指顾客在进入药店后，到离开药店之间店方所提供的服务。这类服务包罗甚广，顾客问好、问药咨询、推荐药物、拆零销售、健康提示、注意事项提醒、会员优惠提醒、满足顾客临时需求（饮用水、座椅、照看随同儿童），直至送别顾客。售中服务是顾客感受最直接、最真切的服务，门店管理者和店员尤其要注意
3	售后服务	售后服务是指在药品销售出去之后，门店为顾客所提供的追加服务。这类服务包括处理退换货、送货上门、老用户的跟踪反馈、慢性病药物的疗程提醒等。售后服务如果做到位，客人们会因为得到这些"额外的"服务而欣喜万分

开店秘诀

> 顾客服务既在售前给顾客提供了买的理由，又可以在售中给顾客增加买的意义，保证买的流程顺畅，还在售后环节给顾客提供了维系的力量。所以，顾客服务意义重大。

2. 按对顾客服务的性质区分

按对顾客服务的性质区分，可将顾客服务分为图4-20所示的4种类型。

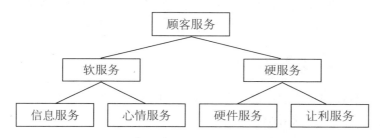

图4-20　按照对顾客服务的性质区分

（1）软服务。软服务不但可以弥补硬件设施上的不足，而且对增加业绩有实际的效益。它一般包括心情服务和信息服务，如图4-21所示。

心情服务：是指人与人之间彼此关心，也就是门店纯粹的人文关怀，这些服务很难通过训练手册、指示、命令来做到，而是靠店员本身能真心为顾客着想来实现

信息服务：是指门店适时地为顾客传达或报道一些相关信息，具体地说，可以绘制一些海报，辟出一些宣传栏，发放一些宣传单或者手册来介绍药品的特征、性能、使用方法，以及促销、折扣、买赠等优惠信息

图4-21　软服务的类型

在接待客人的过程中，店员也要学会给客人提供相关的信息，让顾客以最快速高效的方式选择自己所需商品，同时能够及时得到优惠信息，降低顾客的时间成本和金钱成本，优化购物体验，增强顾客黏性。

（2）硬服务。硬服务就是指有形服务，它能让人一目了然，包括硬件服务和让利服务，如图4-22所示。

硬件服务	让利服务
包括药品的质量上乘、销售的设施齐全、引入名优特药品、店铺装修精致、设置停车位、散发广告传单等	指提供折价促销、赠品促销等活动让利酬宾的方法

图4-22　硬服务的类型

药品齐全使人感到便利，店铺装修得体使人感到气氛温暖，价格实在则买起来更让人高兴，但是硬件设施谁都能备齐，它并不能使门店在竞争中占优势。药店经营者必须懂得，要在硬服务到位的情况下花大力气改善药店的软服务。

三、顾客投诉与建议的处理

投诉，是指顾客对企业产品质量或服务上的不满意，而提出的书面或口头上的异议、抗议、索赔和要求解决问题等行为。

建议，是指顾客针对客观存在的问题提出自己合理的见解或意见，使其具备一定的改革和改良的条件，向着更加良好的、积极的方面去完善和发展。

在传统观念里面，门店员工是非常排斥和抵触顾客投诉的，潜意识中默认顾客是在找碴，将顾客放在了对立面上。而实际上出现问题后只有4%的顾客愿意来投诉反馈意见，所以我们应该感谢这些顾客，愿意来正面沟通和解决问题。

1. 顾客投诉的原因

在日常经营中，门店顾客投诉的具体原因如下。
（1）商品变质或过期、包装破损；疗效不理想、发生不良反应等。
（2）品种不全，缺货或者供应不及时；标价不清、价格过高等。
（3）人员态度不佳、服务不规范、商品知识不足等。
（4）营业时间、商品退换、售后服务等。
（5）光线问题、卫生问题、空气不良、安全问题、购物通道不畅等。
（6）用语不当、零钞不足、收银不准确、效率迟缓等。
（7）发票问题、顾客建议执行或反馈不力等。

2. 顾客投诉处理原则

门店在处理顾客投诉时，应遵循以下原则。
（1）礼貌接待投诉顾客，安抚投诉者。

（2）引导顾客至安静处，耐心倾听投诉者申诉，并做好记录。

（3）不与顾客发生争执，若错误出自本身，应立即致歉。

（4）处理事件的速度要快，要及时。

（5）合理补偿投诉者的损失。

（6）不让事件扩大，以免影响公司声誉。

（7）同类事件处理原则保持一致，在处理抱怨时要适当地利用先例。

（8）确实调查事件原因，并拟定改善对策，踏实执行。

（9）检讨结果，注意勿再发生同类抱怨投诉。

3. 顾客投诉处理程序

（1）接待受理。首先要向顾客道歉，如"真对不起，麻烦您又专门来了一次，耽误了您的时间。"真诚感谢顾客对门店的关心、爱护和期望，感谢顾客的批评。

（2）调查处理。在安静处，诚恳倾听顾客的诉说，同时记录好问题的要点、联系电话，对顾客投诉的情况进行调查、分析，了解事实真相，查明原因、分清责任。

对于责任不在顾客的，应立即向顾客道歉，根据顾客的损失程度提出处理意见。对于责任不在我方的，应向顾客解释清楚。对暂时无法判断的问题，要向顾客说明并取得顾客谅解，待查清原因后，及时告知顾客，一般情况下，两天内（48小时）给予回复。分类联系相关部门或供应商予以处理，交班时明确交接，并要有专人负责。

跟进处理过程和结果，对于顾客的补偿要求，在与供应商协商解决的同时，不能延误对顾客的答复处理。

（3）顾客反馈。处理过程与查询结果及时（24小时内）告知顾客，消除顾客的疑虑，感谢顾客的信任和等待（或可再送小礼物）。

（4）报告书的填写。质量投诉处理完毕后，处理人员及时将处理情况填写在"顾客投诉处理记录"上，属于不良反应的，应上报质管部，并填写"不良反应报告表"，按规定存档。

开店秘诀

在处理顾客投诉建议时要端正心态，以正面积极的态度去沟通。首先，要虚心接受顾客投诉，耐心倾听对方诉说；其次，设身处地，换位思考。

四、常见客户投诉场景及应对话术

1. 怀疑质量有问题（口感、真假）怎么办

（1）应答技巧。首先，每一位员工要对门店的商品质量有足够的信心。顾客怀疑质量问题，尽量不要马上给予退货，否则默认了商品质量确有问题，可借助厂家的热线电话、防伪电码、药检报告来验证。一般由药师来解释，主要是树立企业形象，更专业、更直接、更权威。店员不能马上确认是否有质量问题，则先道歉。若能解释通，则道谢，再送小礼物；若解释不通，可请顾客到办公区域，加以聆听，态度诚恳，记下顾客联系电话，立即反映到质管部，并要跟进，在一个工作日内答复顾客；确认为商品本身的问题，立即道歉，退货或换货，并报告质管部。

（2）标准话术。

——"请您放心，我们进货渠道正规，药品质量有保证（药盒上有防伪电码），如果您有怀疑，我们可以拨打厂家热线电话查询。"

——"对不起，请坐。我请药师来解答您的问题。"

2. 顾客抱怨商品近效期怎么办

（1）应答技巧。在保质期内质量是没问题的，治疗疾病重要的是疗效，结果都是一样的。

（2）标准话术。"请您放心，药品仍在保质期内。我请药师为您解答。"

3. 顾客抱怨商品破损怎么办

（1）应答技巧。分析原因，排除顾客自己使用不当因素。如是商品本身破损，立即退换货，可能的话，送小礼物。

（2）标准话术。"对不起，让您多跑一趟，非常抱歉，我们马上为您办理，请问您是需要退货还是换货呢？"

4. 断货怎么办（原有经营品种，现有量不足或无）

（1）应答技巧。首先因给顾客带来不便而道歉，若顾客急需，则紧急调货尽快送货上门。

（2）标准话术。

——"非常抱歉，我们马上到附近门店调剂，请您稍等×分钟就好。或者您可以留下电话及地址，我们调到货后马上给您送到府上。"

——"让您久等了，非常抱歉，这是您的药，谢谢您的耐心等候。"

5. 缺货怎么办

（1）应答技巧。对于一直经营的货品，立即记录相关信息，到大店调货或到配送中心补货。对于从未销售的货品，立即记录相关信息，报告公司商品部及采购部。

（2）标准话术。"很抱歉，我们会尽快将您的需求上报给公司，请您留下您的电话及地址，一有消息我们会立即通知您，谢谢！"

6. 顾客不接受会员卡怎么办

（1）应答技巧。

——不强硬推销会员卡。

——介绍会员的积分、专业药学服务等附加价值，根据不同的顾客，介绍的侧侧重点不同。

（2）标准话术。

——"会员能享受消费积分，积分可当钱花，并且享受免费健康咨询与检测。我们将会为您提供免费的健康信息刊物。您只要出示身份证，就可免费办理会员积分卡。消费1元积1分，100积分抵扣1元。"

——"没关系，以后您想加入，随时来我们这里办理就好。"

7. 抱怨商品无拆零怎么办

（1）应答技巧。

——顾客需要的拆零商品无拆零，若为短期、无疗程的商品可以拆零处理，如息斯敏、肠虫清等。

——若长期使用、治疗慢性病的药品，则以专业的角度，从顾客的利益着想，尽可能说服顾客整盒购买。

——价格便宜，建议从经济角度出发，说服顾客购买整盒药品。

（2）标准话术。"非常抱歉，这种药品是针对慢性病治疗，需要按疗程服用。如果只是不定时服用，治疗效果会受到影响。而且如果长期不定时服用，会造成治疗的延误，很可能会导致病情加重。这种药的价格也不高，一次性购买比较省钱，为了您的健康着想，建议您整盒购买。"

8. 顾客抱怨开不到发票怎么办

（1）应答技巧。

——时间不急，用委婉的口气与顾客商量，能否在发票到后补给。

——时间急，在最短的时间内由本店员工到邻近的店里开好发票送给顾客。

（2）标准话术。

——"很抱歉，如果您不急用的话，您可以留下电脑小票和电话，等我们发票换发好后，我们通知您，可以吗？"

——"很抱歉，麻烦您能等一下吗？我们现在马上去给您开发票，大概需要×分钟，请您稍等一下就好，要不您可以留下电话及地址，我们开好发票后马上给您送去，您觉得哪个比较方便呢？"

9. 顾客损坏商品时怎么办

（1）处理方法。在不引起争议的情况下要求顾客承担责任。

——顾客愿意承担责任的：按门店零售价进行赔偿。

——顾客愿意承担部分责任的：请示运营部负责人是否按进货价进行赔偿，差额在小票上注明，并上报审批。

——顾客不愿意承担责任的：按门店商品报损流程执行，费用计入门店。

（2）应采取的态度。

——站在顾客的立场，不能一味责怪顾客。如果破损的商品可能伤害顾客的话，必须先询问顾客是否受到伤害，或者是否受到损失，然后再安排员工收拾现场。

——委婉地安置顾客并且详细地倾听顾客的解释和意见，缓和顾客的心理，避免造成情绪上的激动。

——当顾客主动赔偿破损或污染了的商品时，应该尽可能将商品修复或擦洗干净再交给顾客，以表示我们负责的诚意。

10. 顾客抱怨营业员怠慢怎么办

（1）应答技巧。撤换当事人，由有经验、有人缘的负责人出来调解。

（2）标准话术。

——"对不起，给您添麻烦了，刚才是我们员工工作不当，非常抱歉，请您见谅。"

——"对不起，让您久等了，因为我们是严格按照中药调剂流程操作，程序较多，比如审方、复核等，是确保您的用药安全。"

11. 顾客抱怨购物环境不好怎么办（装修、设备、设施）

（1）应答技巧。感谢顾客对我们提出的宝贵意见，表示将呈报公司，力求以更好的形象和硬件设施给顾客提供更好的环境。

（2）标准话术。"感谢您提出宝贵意见，我们会尽快呈报公司，作出改善，为您提供更好的购物环境，谢谢！"

第五章

药店业务拓展

导言

业务拓展的目的不仅是为了拉动销售量,更重要的是让门店得到曝光,从而进一步扩大门店的影响力,实现门店的持久发展。

思维导图

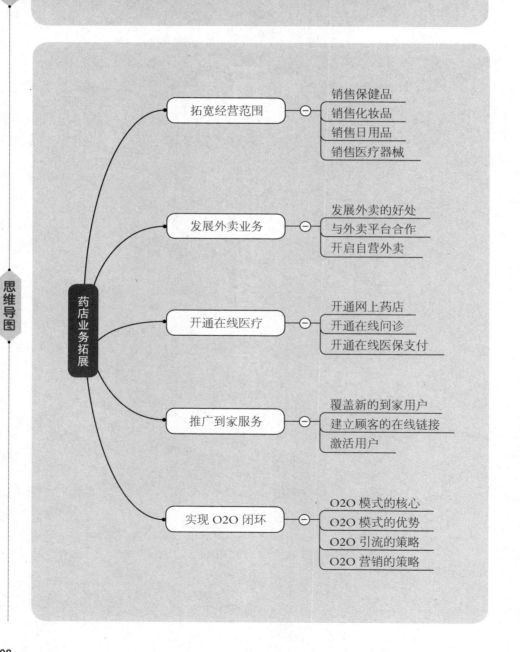

第一节　拓宽经营范围

现在，不仅非药品系列的保健食品、医疗器械、计生成人用品、参茸、护肤品、日化品等被摆上货架，有些门店连油盐酱醋、家庭日用百货等均有销售，更有甚者，在药店里经营起了代缴话费、水电费、代充煤气等与"药"无关的经营项目，究其原因，都是药店为经营寻求出路。

一、销售保健品

药品是治疗性产品，不能持续消费，不能先给予再收获，所以不具备开发顾客需求的特征，但与预防相关的保健品则不同，不但能创造顾客，更能在后期留住顾客，无疑是药店的最佳选择。

据有关部门统计，目前在我国市场上，药店保健品销售所占比例在30%左右，这个数字与发达国家相比，还有很大成长空间。随着我国人民生活水平的提高，"自我药疗"意识的转变，保健品市场会进一步扩大。

药店选择保健品，不应该只是简单地选择"高毛利产品"，更应该要选择"高品质产品"。只有高品质产品才能满足顾客的健康需求，高品质产品才具有长期经营的价值。

在选择保健品时，药店必须有着清晰的定位、前瞻性的思维和眼光。"大健康"肯定是未来的趋势，保健品会占据越来越大的市场份额。现在不能只求短期利益，匆忙选择高毛利产品而忽视经营的持续性，将会丢失药店在未来竞争中的先发优势。

开店秘诀

《中华人民共和国食品安全法实施条例》第三十九条规定，特殊食品不得与普通食品或者药品混放销售。

相关链接

药店保健品销售秘诀

中国传统的养身保健理念使人们越来越注重身体的保养，这其实为保健品的销售创造了有利条件，那么药店应该如何提高保健品的销售额呢？

1. 做好产品陈列

任何产品都需要曝光，越多的曝光就意味着越多的销售机会，所以我们可把保健品陈列在显眼的位置。

（1）门店入口处。保健品不是药品，除了自用，还可以拿来送礼，将一些礼盒装的保健品放在门店入口处的货架上，顾客一进店就能看见。

（2）收银台区域。一些常用的保健品，如维生素之类的保健品摆放在收银区，顾客在结账的时候能起到提醒购买的效果。

（3）OTC货架旁。药店一般买非处方药的人比较多，把保健品货架设置在OTC货架旁，能加强顾客影响，店员在推荐药品时，能快速地关联保健品的销售。

2. 做好产品宣传

在保健品货架区域配置相应的宣传海报，能有效提高保健品的销售额。

（1）POP海报。制作POP海报张贴在对应保健品货架上方，灵活地把产品特点等信息展现出来，吸引顾客目光，引导顾客购买。

（2）广告展架。制作KT板、易拉宝等广告展架放在保健品区域吸引顾客。

（3）健康宣传卡。在相应保健品货架上，设置健康宣传卡片，比如在维生素区域张贴关于补充维生素有哪些好处的健康知识宣传卡。

3. 做好产品销售

保健品不能对顾客盲目推荐，要掌握保健品的功效后，针对不同人群推荐不同保健品。

（1）蛋白粉的销售。适宜人群：青少年、白领、老年人、孕妇。

青少年处于生长发育的关键时期，需要比成人更多的蛋白质，充分的蛋白质可提高学习效率，增强记忆，缓解精神紧张等压力。

很多都市白领生活不规律、工作压力大，容易疲劳，抵抗力差。蛋白质粉可增强自身抵抗力，维持健康体质。

老年人肌肉流失，行动力下降，蛋白质粉能有效缓解肌肉流失，让老年人体质好不生病，筋骨强韧。

孕期需要注重蛋白质摄入，如果摄入不足，会增加孩子成年后患高血压、糖代谢异常的风险，还可以避免孕妇贫血、营养缺乏性水肿和妊娠中毒症的发生。

（2）维生素E。适宜人群：女性。

维生素E是强抗氧化剂，可清除体内自由基，抗衰老，还可以减少皱纹的产生，保持青春容貌，延缓衰老。

（3）钙片。适宜人群：青少年、老年人。

青少年处于生长发育的关键时期，缺钙会导致发育迟缓，补钙必不可少。

老年人缺钙不仅会引起骨质疏松，甚至导致全身乏力和腰背疼痛，严重时还容易发生骨折。

保健品销售除了要掌握一定的技巧外，还要搭配店员自身的专业知识，在销售过程中，要学会规避顾客的抵触心理，用专业知识赢得顾客的信任，最终达成销售目标。

二、销售化妆品

随着生活水平的提高及消费理念的逐渐成熟，消费者不再单一追求化妆品保湿、滋养等基础功效，而是把关注点放在安全性、专业性、稳定性强的天然功效性化妆产品上。"药+妆"兼具安全与功效的特点逐渐受到消费者的关注与喜爱，尤其是敏感肌肤人群基数的不断上升，对天然功效性化妆品需求也日益增多。

2019年，在药监局的严令下，"药妆"已经成为了化妆品行业的"禁忌"，而如今"药品+化妆品"式零售模式让美妆品牌在渠道布局上有了不同思路。2020年下半年开始，在短短数月内，国内多家连锁药店先后布局"药品+化妆品"店铺。

2020年5月，首家雷允上"药品+化妆品"店在四川正式开业。不过10天，店里的每日访客从原先的40～50人提升至400人左右。

2020年11月20日，一心堂布下首家药品+化妆品店。从布局上来看，俨然一副美妆店的面貌，产品被划分为药品区、非药品区和日常生活用品区。而在其非药品区内，主要陈列着美妆用品，且细分为进口日化、国产日化、皮肤检测区、彩妆体验区等多个区域。通过一心堂药妆店的商品分类可以看出，口腔护理、进口日化、国产日化等日常生活用品区以及保健品区等占有很大的店内面积，在门店不但可以享受到彩妆体验、皮肤检测等商超体验，还能享受身高体重测量、血压检测等"医疗"体验，一站式解决方案。如图5-1所示。

图5-1　一心堂药妆店一角

2020年11月30日，国大药房在上海打造的首家欧美及日韩美妆新零售药房在浦东新区张杨店开幕，旨在为上海的消费者解决疫情期间不能出国购物的困扰，开启"健康＋美丽"新零售购物体验新篇章。如图5-2所示。

图5-2　国大张杨店一角

国大张杨店地处陆家嘴繁华商业街，是一家典型的商圈药店；引进欧美及日韩美妆后，从顾客的需求出发重新调整商品结构和门店布局，以高端时尚的美妆品牌、个性化的店铺装饰以及互动式的购物场景设计，从店铺形象、商品品类、门店服务到体验都做到了全面升级。

目前从药店经营的角度而言，化妆品类在药店发展仍有一定的困难，如政策因素、医保限制等，如消费者认可的因素，如药店缺乏重视以及缺乏专业人才等。

但是随着多元化的发展以及药店重拾化妆品经营，未来零售药店的化妆品销售，能在下游中占有一席之地。因为化妆品的销售场景是属于靠近"医学"的行为，拥有医学或药学背景的零售药店人员经少许培养其专业性将会大于商超百货，凭药店的专业化服务，定能找到机会点。

三、销售日用品

药店为了实现多元化经营，提高药店的整体利润，也可以适当销售一些日用品，这样方便了消费者，特别是对于一些社区药店，居民到药店购药的同时，也能采购所需的日用品，可为居民节省不少时间。

但所销售的日用品，必须在门店的经营范围内，而且要杜绝用医保卡支付日用品的费用。

四、销售医疗器械

随着生活水平的日渐提高，消费者的自我保健意识也不断增强，消费者在药店的消费热情正由原来的药品转向了保健养生的健康器械或保健品等商品，尤其以医疗器械为甚。

1. 药店常售医疗器械

众所周知，基本上零售药店都有经营医疗器械，特别是二类医疗器械，涉及体温计、血压计、血糖仪、电子血压脉搏仪、穴位磁疗贴、医用脱脂棉、医用脱脂纱布、医用棉签、医用口罩、医用无菌纱布、创面敷贴类（透气敷贴、防水敷贴）、无菌创可贴、一次性使用创可贴、医用护眼贴、止鼾器、通气鼻贴、血糖试纸、妊娠诊断试纸（早早孕检测试纸）、排卵检测试纸、避孕套等众多产品。

2. 药店医疗器械的品类建设

药店要做家用医疗器械这个品类，它的发展与新的医疗体制改革方案所倡导的"预防为主"的方向是不谋而合的。为抓住机遇，药店可加强此品类的建设，并从以下3个方面入手。

（1）进行医疗器械品类设置，规划好品类细分工作。医疗器械品类的大品类细分应达10余个，中品类细分至少60个以上。以家用医疗器械为例，可分为家用治疗仪、家用检测仪、家用保健器械和家用护理康复器具四大类。

（2）注重医疗器械的功能细分。对消费者来说，疗效最为消费者所关注，治疗性、保健性的家用医疗器械以及按摩器具，大多具有促进血液循环的功效，能够较快地缓解症状，深受消费者欢迎，如果价格适中，定位于普通大众，市场容量将会大大增加。

（3）注重售后保障服务的及时性。与药品相比，消费者更关注医疗器械售后服务的及时性和响应率。虽然目前专营家用医疗器械企业大约只有2000多家，这些供应商中服务保障体系的质量参差不齐，因此药店甄选企业（或者供货机构）时必须进行考察，因为良好的售后服务是提升客流量的保证，也是巩固品牌的基础。

总体来看，医疗器械品类市场在药店品类中肯定是潜在的热点，药店如能现在把握住机会，不久的将来，不仅能获得丰厚的利润，更能形成自己的品类特色，其边际效益更是不可估量。

第二节 发展外卖业务

推出外卖服务，一个很重要的动因就是在竞争激烈的零售环境下挖掘线上增量市场，导入即时消费的流动客，作为门店销售的补充。

一、发展外卖的好处

近年来，便利店、药店等牵手外卖平台，已成新常态。外卖行业整体处于发展上升期，截至2020年底，全国外卖总体订单量达到了171.2亿元，交易规模达到8352亿元，占据了百货零售业和餐饮业的巨大份额，并且消费群体主要以年轻一代为主，在便利性和及时性上的消费需求和零售行业消费群体的消费需求高度重合，因此，在外卖平台上，超市、便利店、药店等业态有巨大的市场需求量。

对于药店来说，发展外卖业务一方面可以扩大门店的服务范围，另一方面能满足近距离消费者在特定场景下的碎片化需求，同时还能通过外卖提供更多服务，并发展社群关系，增进与消费者之间的互动。

二、与外卖平台合作

目前市场上接入外卖服务的药店不少，多数是通过与美团、饿了么、京东到家等平台合作去实现，其运作方式与餐饮商家一样。

1. 入驻外卖平台

（1）外卖平台开店流程。在外卖平台上的开店流程大体如图5-3所示。

图5-3　入驻饿了么平台的流程

（2）开店要求。在外卖平台上的开店要求如图5-4所示。

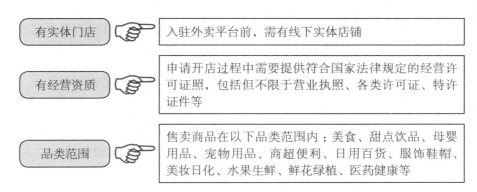

图5-4 在饿了么平台开店的要求

2. 店铺装修

（1）店铺取名。顾客想要购买东西的时候，都会根据自己想要的在搜索框内直接搜索相关的关键词，比如平常我们自己点外卖的时候，想吃干锅搜干锅想吃冒菜搜冒菜，这也是为什么大量外卖商家都会在名称设定上规范好自己的经营范围，以提升顾客搜索曝光量，还会附带上店铺所在地名吸引周边顾客。如图5-5所示。

图5-5 美团外卖平台上药店商家截图

（2）商品分类。药店售卖的商品种类多数量多，要想进店的顾客都能快速从大量的商品中找到自己想要的东西，分类就显得很重要。商家在分类排列时要注意图5-6所示的事项。

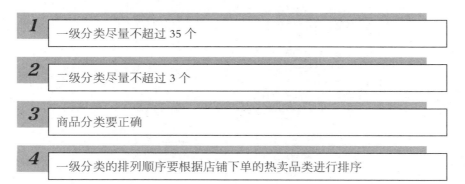

图5-6　商品分类的注意事项

（3）设定营业时间。营业时间可以根据店内的营业时间来定，但如果是24小时的药店或者是开在人流量大的区域内的店铺建议可以把营业时间延长一些。有数据显示，在晚间12点后的药店外卖订单量比其他时段的订单量高一些，就是因为深夜很多人不愿意跑下楼买东西但又很急需，外卖此时就派上了很大的用场。

3. 商品管理

（1）商品命名。和店铺的名称相同，在后台上传商品的详细数据时一定要给商品一个正确的命名。品牌名、产品名、生产厂家、克数、计量单位这些都要有，除此之外，后台所需上传的商品售价、商品条码等数据一定要准确核对。我们不仅要让顾客快速找到想要的药品，还能很好地利用关键词获取搜索的流量，更重要的是让顾客买对药品，避免出现交易纠纷等情况。

（2）商品图片。线下卖陈列，线上卖图片。商品图一定要选择高质量图片，背景尽量选择白底或者是产品宣传图。可以在网上找对应的产品图片，也可以通过自己拍照后再用相关的图片处理软件进行美化，还可以买一块白色的背景布把产品放在上面挨个拍产品图片。

（3）爆款商品。爆款商品主要就是给店铺引流，易引起顾客尝新尝鲜的心理促进冲动消费；和普通药店形成产品差异化，能做到顾客留存，还有利于提升店铺的形象。

（4）季节商品。抗过敏口服药、藿香类药品、三伏贴、滋补药品等都属于季节商品的范畴，在季节更换后这类商品的需求也会随着变化。我们要在需求变化来临之前提前做好商品备货上架等前期准备，还可以在一级分类上根据季节性需求去主推应季商品，调整上下展现位置，能有效增加产品曝光提升销售量。

外卖平台上的药店商品展示界面如图5-7所示。

图5-7　外卖平台上药店商品展示界面截图

4. 配送管理

（1）配送距离。如果店铺里各种设置都完善了，可订单量还是上不去，很有可能是配送距离出了问题。配送范围太小，客流不够；配送范围太大，配送费太贵、配送时长太久，下单的人也不会多。对此，商家可以先查看后台单量较多的地区是哪里，然后把配送范围往该方向倾斜；也可以查看地图软件上的热力图，如果配送范围内都属冷区，就可以适当地扩大范围，尽量把热区包含在可配送范围内。

（2）配送费活动。要知道，在外卖消费中，顾客对"配送费"的敏感程度是很高的。如果同样有两家药店，一个配送费2块，一个免配送费，里面售卖的东西都差不多，顾客当然会选择免配送费那家。对此，商家在后台可以去积极参与平台配送费的折扣活动，也可以直接设置免配送费，这个平衡点就在于相同距离下你的竞争同行们设置的配送费是多少，可以一样，但是千万不能比他们贵，否则你的店铺可能就没有订单了。

5. 促销活动

（1）店铺活动。大额满减、门店新客立减、返商家代金券、下单立减配送费、商品折扣等都属于店铺活动范畴，可以在后台进行设置。这些店铺活动只要设定了，就会展现在店铺的首页，会给顾客一种活动力度大、很实惠、很热卖的场景，也更有利于店铺的曝光展现。但在设定活动时要注意设定规则，避免出现多重活动叠加导致超低价的情况，使店铺利益受损。如图5-8所示。

图5-8　外卖平台上药店商家促销活动界面截图

（2）流量活动。流量活动主要分为品牌方活动和平台方活动。品牌方活动指的是品牌方出钱和外卖平台合力举办的活动，只要你店铺里有品牌方的商品，平台系统就会自动抓取有售卖的商家给予流量支持。商家在药店栏目要经常关注轮播页面的活动，有相关品类的也需要提前上架获取流量曝光。平台方活动是指外卖平台举办的促销活动，可以在商家平台的营销活动后台去报名申请，获取曝光资源提升单量。

6. 服务和维护

（1）细节服务。现在好多的餐饮外卖都包装得非常精美，纸皮袋、保温袋、独立餐具等都派上用场，看起来十分高大上。但药店本身毛利不高，要是在包装上花费这么大的成本肯定是不现实的。对此，商家可以从包装细节上来提高服务品质，比如在购物袋内放置贴心便利贴，或者在拣货装袋时把商品干净整齐地放好，这些小细节都可以提升顾客消费体验。

（2）处理评价。药店的消费评价一般都是正向的，很少会出现差评，顾客好评要予以感谢，如果发生了发错货、少件、过期商品等情况给顾客带来了不好的购物体验，也需要及时处理相关评价，表达歉意，给进店顾客一种处理及时、回复及时、态度良好的形象。如图5-9所示。

图5-9　外卖平台上药店顾客评论界面截图

三、开启自营外卖

对于药店来说，入驻外卖平台能使商家更省心，而且外卖平台拥有不俗的用户数量和活跃度，能够为药店带来更多的客户。但是，入驻外卖平台后，一方面，高额的合作佣金以及不菲的每笔订单抽成都会增加药店的成本支出，而同行业的其他品牌入驻也会加大竞争压力，导致盈利困难，这对于本就是重资产、盈利不易的药店来说更是雪上加霜。另一方面，由于是入驻的形式，用户全部来自该平台，药店作为第三方难以抓取其数据，同时，由于平台店铺众多，用户流动性也大，很难保障对本品牌和门店的黏性，这对于药店未来的互联网化发展非常不利。

因此，除了入驻外卖平台外，药店也可以开启自营外卖模式，依靠自有门店，建立专属配送团队。

不过，药店开启自营外卖，在软件开发维护、人力成本以及管理培训等多方面也会有高额成本支出和大团队合作需求。

另外，由于药店的商品太少，它的商品结构只能满足一些急需的、便利性的需求，很难满足家庭日常的消费需求，从包装规格、SKU丰富度、定价逻辑等各方面考虑，它的线上笔单价（指每笔订单的平均交易额）都不会太高。而外卖配送的履单成本又是相对固定的，即每次送货的成本是固定的，如果笔单价上不去的话，也难以实现整体盈亏平衡。

第三节 开通在线医疗

互联网医疗无疑是庞大的市场，包括在线零售药房、在线问诊、线上消费医疗健康及数字医疗健康基础设施等都是万亿级别市场，拥有良好的成长机遇和空间。2020年我国在线零售药房市场占医疗健康支出总额仅为2%，在线问诊量占总问诊量仅为12%，在线零售药房和在线问诊市场未来十年在线渗透率分别还有约5%和56%的提升空间。

一、开通网上药店

向个人消费者提供互联网药品交易服务的企业，应当具备以下条件。

（1）依法设立的药品连锁零售企业。

（2）提供《互联网药品交易服务证》的网站已获得《互联网药品信息服务证》。

（3）具有健全的网络与交易安全保障措施以及完整的管理制度。

（4）具有完整保存交易记录的能力、设施和设备，及档案室。

（5）具备网上咨询、网上查询、生成订单、电子合同等基本交易服务系统（简称网上商城）。

（6）对上网交易的品种有完整的管理制度与措施。

（7）具有与上网交易的品种相适应的药品配送系统。

（8）具有两名执业药师负责网上实时咨询，并有保存完整咨询内容的设施、设备及相关管理制度。

（9）从事医疗器械交易服务，应当配备拥有医疗器械相关专业学历、熟悉医疗器械相关法规的专职专业人员至少1名。

二、开通在线问诊

在互联网模式下,不少药店也悄然发生着改变,在这些药店里,市民不仅可以尝鲜微信人脸支付、药品在线订购,还能连线医师,通过店内的智能互动设备,进行处方问诊。

当患者提出用药需求后,药店通过了解患者的基本信息及需求后,在药店的智能互动设备上选择适合的医师进行远程视频问诊。通过问诊后,对于复诊的病人开出处方,然后经过执业药师审方签字后,可以在药店按处方销售。

比如,2018年厦门市就已经允许零售药店试行凭"电子处方"销售处方药,市民可以通过药店的电子处方共享平台,让在厦门医疗机构注册的执业医师在线开具电子处方。

厦门部分药店已配上了可提供在线问诊、开具处方和远程审方"一条龙"服务的"微问诊平台"系统,市民在家附近的药店就能轻松实现由医生问诊、开药,药店直接购药的流程。

"互联网+电子处方"的应用,是探索"互联网+智慧监管"的新举措,极大地方便了市民购药,也为医药零售行业带来方便和更多的经济效益。

三、开通在线医保支付

自2020年新冠肺炎疫情期间,无接触成为消费者乐于接受的求医问药形式,更多公立医院在政策支持下建设互联网医院,一时间,在线问诊和互联网医院呈井喷状态。

随着医改推进,线下零售药店凭借深入社区的线下渠道和药品配送能力,逐渐成为互联网医院的重要合作方,连接着医疗机构和消费者。

对于消费者而言,以前在线上买药必须自费,想要使用医保卡支付就必须去医院或药店。实现医保卡线上支付之后,"互联网医院+零售终端+在线医保支付"的打通,让药店可以将药品就近配送给患者,将药店的便利属性发挥到极致。

互联网医院的优势是医疗服务,药店的优势是其线下门店网络和执业药师的专业化服务,连锁药店和互联网医院能够形成互补。药店通过与互联网医院合作,能够快速建立互联网医疗的线上和线下联动,承接互联网医院药品服务的同时,还能够在获客和留客方面建立优势。

未来,互联网医院和药店或许会互为流量入口。互联网医院专注诊疗服务,药店在药品服务上发力,通过网店优势、配送能力、专业服务能力,共同为患者做好服务。

第四节　推广到家服务

当前许多零售商都在尝试到家模式,到家模式可以帮助商家抓取用户,同时也可建立商家与用户之间的联系,以达到有效激活用户的目的。

一、覆盖新的到家用户

目前来看,需求到家购买的用户与到店购买的用户在逐步迭代成两类人。到家需求还是以年轻人为主体,但是在逐步向中老年群体延伸。

有人指出:"懒"人群指的是虽不出门,但用"手机"指挥千万商家上门为他服务的人群,主要为外送服务和上门服务,并且"懒"人群整体用户规模呈增长趋势。

某药店对接京东到家后,通过到家模式新抓取的用户会员与原来到店会员重合率只有3%,也就是到家与原来的到店基本分离成两类人。

未来会有以下三大趋势。

(1) 需求到家的消费群体会越来越多。

(2) 同一消费者会同时存在到店、到家购买需求。

(3) 消费者会针对不同的需求场景、不同的商品品类选择不同的到店或到家购买方式。

所以,面对这样的变化,药店商家必须要做到家服务。如果不做到家服务,那些特别倚重到家需求的消费者就会离你而去,那些消费者需要到家便利的商品品类也会从你的门店消失。

二、建立顾客的在线链接

与顾客建立在线链接,这是当前零售商家更需要特别重视的。当前的移动互联网环境下,消费者已经在逐步变成一种在线化的生活方式。在这种在线化的社会环境下,零售商家必须要实现与顾客的在线链接。在线链接顾客是零售商家必须要做出的重要动作。

在线链接顾客可以有很多方式,但是通过到家模式实现与顾客的在线链接是最主要的方式之一。通过到家链接到顾客,有效影响到目标顾客,有效满足目标顾客的到家需求,并且可以借助这种在线化的链接方式,产生非常重要的营销价值。

比如,某个夏天,××店铺里面还有10箱保质期只剩三个月的金银花露库存。当天店铺迅速启动营销,以从来不曾有过的"买一送一"的优惠价格进行打折销售,尽管如此,从下午一点到六点,店铺里只是卖掉了十几瓶。如果是传统零售,就会"守株待兔"没有办法了。但是××店铺在6点之后,从众多会员中提取出买过此品牌金银花露的客户,统一推送了打折促销的信息,结果30分钟之内,10箱金银花露被抢购一空。

三、激活用户

当前零售商家的经营理念必须要由商品影响顾客转换到经营顾客。如何有效激活顾客,如何提升顾客的活跃度必须要成为当前营销的重心,这是当前零售营销理念需要作出的重大调整。

目前,靠商品、靠传统的促销手段激活顾客越来越困难。而通过到家服务,建立顾客链接,用线上方式激活顾客是当前最有效的方式。

第五节 实现O2O闭环

O2O模式通俗讲就是"互联网+线下门店",将互联网与线下的门店结合起来,让互联网成为线下门店商品和服务的营销前台和服务窗口。这种线上线下一体化的模式既可以很好地方便广大消费者,又可以给他们提供场所购买商品。

一、O2O模式的核心

O2O即Online To Offline(在线离线/线上到线下),其概念源于美国,是指将线下的商务机会与互联网结合,让互联网成为线下交易的平台。O2O模式的核心很简单,就是把线上的消费者带到现实的商店中去——在线支付购买线下的商品和服务,再到线下去享受服务。如图5-10所示。

图5-10　O2O模式的核心

2013年O2O开始进入高速发展阶段，开始了本地化及移动设备的整合和完善，于是O2O商业模式应运而生，成为O2O模式的本地化分支。

二、O2O模式的优势

O2O的优势在于能够完美地打通线上线下，实现线上线下多场景互动，加上O2O成熟的操作运营模式丰富了具体的应用场景模式，让消费者在享受线上优惠价格的同时，又可享受线下贴身的服务。同时，O2O模式还可实现不同商家的联盟。具体来说，O2O模式具有图5-11所示的优势。

优势一	拉近与消费者之间的距离，加强影响力，促进消费
优势二	提高客户忠诚度，使消费者随身携带门店，随时随地浏览，增加消费者购买机会
优势三	新品信息、促销信息第一时间推送到客户手中，精准营销，占领先机
优势四	方便集成地理位置系统，线上线下联动；可拓展多种支付接口，增加成交机会
优势五	可设置电子会员卡及APP积分体系，对消费者吸引力更强；碎片时间购物，更方便，且没有运费，省心省力
优势六	消费者线上下单，线下门店集中配送，成本更低，同时支持门店自提和送货入户双重体验，且更安全

图5-11　O2O营销模式的优势

三、O2O引流的策略

药店可采取以下两种引流策略。

1. 由线下发起的O2O引流

由线下发起的O2O引流，首要任务是将客户引至线上的官方网站或网店、移动APP或移动网店或各类社交网站上的官方账号。由线下引流至线上，主要的手段通常有图5-12所示的5种。

2. 由线上发起的O2O引流

由线上发起的O2O引流，通常分为两类，具体如图5-13所示。

手段一	线下广告刺激，其中可以同时提供网址或对应的二维码，供客户输入或拍照
手段二	线下口碑传播，驱动潜在客户自己上网通过搜索等方式找到相应的线上网店
手段三	线下提供可以在线上使用的优惠券
手段四	通过在公共空间设立虚拟门店，潜在客户通过上面的二维码进入相应的购买页面
手段五	通过直接提供支付型二维码，直接完成消费

图5-12　由线下引流至线上的主要手段

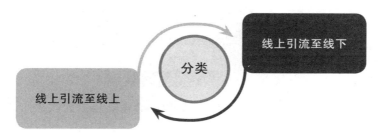

图5-13　由线上发起的O2O引流的分类

（1）线上引流至线上。如果是由线上引流至线上，则后者同样可能是官方网站或网店、移动APP或移动网店或各类社交网站上的官方账号，而前者则可能来自其他的线上平台。其方法与上述从线下引流至线上接近，只是广告、网址、二维码及优惠券可以在线上直接提供，操作上更方便。

（2）线上引流至线下。如果是由线上引流至线下，则主要的手段通常有三类，具体如图5-14所示。

1	线上发布可以供线下使用的优惠券
2	关注线上某账号后线下可以打折消费或获赠礼品
3	设计抽奖活动，要求其中某些环节必须在线下完成

图5-14　线上引流至线下的主要手段

引流只是O2O的第一步，相应的网站或社区，必须不断优化服务流程，让被引来的潜在客户能够注册并真正消费。显然，简单、实用或实惠，加上前面提到的广告、口碑或优惠券，是吸引潜在客户注册并消费的动力所在。

四、O2O营销的策略

电子商务的大发展对实体零售产生的影响日益明显。调查发现，近一年来，各种背靠连锁药店、以社区为依托的"网上药店"集中涌现，那么药店O2O究竟应该怎么做呢？具体做法如图5-15所示。

图5-15　O2O营销的具体做法

1. 兴趣商品是切入点

消费者为什么会到A店购物，而不去B店消费，排除距离等客观因素外，门店在顾客心目中的印象深浅，和此门店拥有顾客兴趣商品数量对顾客抉择有很大影响。所谓兴趣商品就是顾客最感兴趣的商品，几乎每个消费者都有自己熟悉的兴趣商品。

比如，同样是治疗感冒，有人只购买感冒冲剂，有人只购买康泰克。

消费者逛店时会主动寻找兴趣商品，一旦进入视线，立即脱颖而出。消费者对兴趣商品价格记得最熟，购买频率最高。人性有被认同的需求，自己喜欢的东西被认同，会产生满足感，所以从兴趣商品入手，最容易打动顾客。

O2O营销让链接的成本极低，可帮助商家了解消费者的兴趣商品是什么，帮助顾客培养更多兴趣商品，加深门店在消费者心目中的印象。

2. 针对高价值顾客提升体验

门店每期推出DM单（邮报）上的商品价格劲爆，促销策略培养了大量只购买红价签（促销）商品的顾客，还剩部分高价值顾客对价格不敏感，红色蓝色价签不会影响他们的购物决策,他们追求品质、体验和感觉。

高价值顾客比低价值顾客为门店实现更可观收益,但门店为他们提供完全一样的购物体验,其实这并不公平,而且门店常用的营销手段比如DM和积分,对高价值顾客毫无吸引力。高价值顾客愿意为额外服务支付费用,那么就要用O2O营销来提升高价值顾客体验,黏住他们,进一步挖掘高价值顾客的消费潜力。

O2O营销有助于发掘、维系、培养高价值顾客。

3. 优化购物体验

"80后、90后"逐步成长为消费主力,相对于价格,他们更看重体验,这种趋势越来越壮大,零售商不得不主动适应消费者变化。

互联网时代链接方式变了,人性需求变了,用传统思想理解管理、员工、顾客已经不合时宜。新一代消费者看重体验,喜欢用玩的心态生活、工作。门店在购物中加入"玩"元素,才能更好地吸引新一代消费者。